Ingrid Riedel

Engel der Wandlung

HERDER spektrum

Band 5452

Das Buch

Engel, die im Leben begleiten. Klees Engel schweben zwischen Leid und Freude. Sie verwandeln die menschlichen Empfindungen von Schmerz, Trauer, Zorn oft in heitere Gelassenheit. Und damit rühren sie unmittelbar an. Ingrid Riedel deckt die verborgenen Botschaften dieser Engel auf. Paul Klee war schwer krank, als er sie zeichnete. Und er wurde zu dieser Zeit als Künstler diffamiert und bedroht. In dieser Situation konnte er sich eine innere Freiheit bewahren, die in diesen Zeichnungen oft zu einer „höheren Heiterkeit" wird. Diese Gestimmtheiten zeigen sich auch in der Bewegung der Zeichnungen selbst, die Ingrid Riedel in ihren meditativen Texten aufgreift. Es zeigt sich, dass darin eigene Wandlungserfahrungen offenbar werden. Sie sprechen davon, wie es möglich ist, auch in Zeiten der Bedrängnis befreiende Erfahrungen zu machen. Sie zeigen, wie die Sehnsucht nach Leichtigkeit ihren Ausdruck findet. Die Bilder können auch in uns Wandlungen hervorrufen, Impulse für das eigene Leben geben. Ein Buch, das inspiriert, dem tieferen Klang dieser Bilder nachzuspüren und im eigenen Leben Wandlungsmöglichkeiten zu entdecken.

Die Autorin

Professorin Dr. Dr. Ingrid Riedel, geboren 1935, Dozentin und Lehranalytikerin am C. G. Jung-Institut Zürich, Honorarprofessorin an der Universität Frankfurt am Main und Psychotherapeutin in eigener Praxis. Autorin zahlreicher Bücher. Bei Herder Spektrum: Die gewandelte Frau. Vom Geheimnis der zweiten Lebenshälfte; Lebensträume – Lebensräume. Stufen inneren Wachstums; Unergründlich wie das Meer oder die Faszination der Tiefe; Zeit zum Lachen – Zeit zum Weinen. Emotionen, die das Leben tiefer machen.

Ingrid Riedel

Engel der Wandlung

Die Engelbilder Paul Klees

HERDER

FREIBURG · BASEL · WIEN

Gedruckt auf umweltfreundlichem,
chlorfrei gebleichtem Papier

www.herder.de
Herstellung: fgb · freiburger graphische betriebe 2004
www.fgb.de
Umschlaggestaltung und Konzeption:
R·M·E München / Roland Eschlbeck, Liana Tuchel
Umschlag: Paul Klee, Engel, übervoll, 1939, 896 (WW 16),
52,5 x 36,5 cm Aquarell und Bleistift auf Papier und Karton.
Privatbesitz Schweiz.

ISBN 3-451-05452-3

Inhalt

I

Wandlung zum inneren Engel

Einführung

Die Engelerfahrung

Beim ersten Anblick einiger Engel Paul Klees mußte ich lächeln über so viel Humor und Skurrilität – und dies bei einem Thema, das meist mit heiligem Ernst und eher noch mit etwas kitschig-schwärmerischem Einschlag behandelt wird als ausgerechnet mit einer leise ironischen Heiterkeit.

Bei näherem Hinsehen und beim Betrachten anderer seiner Engelgestalten hatte ich plötzlich einen veränderten Eindruck, der sich an immer zahlreicheren seiner Engel verdichtete. Dieser Humor seiner Darstellungen überlagert einen tragischen Hintergrund, ist Zweifeln oder gar Verzweiflung über die Möglichkeit des „Engelseins" oder besser der „Engelwerdung" abgerungen. Denn alle oder fast alle dieser Engel bei Paul Klee sind keine fertigen Engel, sondern sind im Wandel, kämpfen um ihre Engelwerdung. Da gibt es einen Engel, der „im Schreiten noch unerzogen" ist, einen „Engel, noch tastend" oder gar einen „Engel im Kindergarten", Engel also, die mitten in ihrer Entwicklung stehen. Es gibt auch Engel, die unter der „Würde des Amtes" seufzen, die unter der Last ihrer sprießenden Engelflügel schier zusammenbrechen und auch an körperlichen Schmerzen zu leiden scheinen.

Und doch, auch über diesen eher tragischen Gestalten schwebt fast immer ein leises, gelassenes Lächeln, das mit der Situation versöhnt und ein wenig über sie hinaus hebt. Ehe wir uns fragen, was denn Klee mit diesen Engeln, die er ja viel mehr erfährt als konstruiert, wohl ausdrücken mag, wollen wir einen Blick auf seine Darstellungsweise werfen.

Die weitaus meisten dieser Engelbilder sind einfache Bleistiftzeichnungen – dazu einige mit Zulustift oder Fettkreide entworfene –, die der Zeichnungsweise von Kindern nachempfunden zu sein scheinen, auch wenn die Strichführung souverän ist und häufig die wesentlichen Teile einer Figuration in einer einzigen Linie, ohne abzusetzen, zu entwerfen vermag.

Was will Klee mit diesem einfachsten, der Kinderzeichung nachgestalteten Ausdrucksmodus ausdrücken? Gewiß will er, wie auch andere seiner Künstlergeneration, vor allem zurück, zu den Ursprüngen des Gestaltens, wie es in vor- und frühgeschichtlichen Felszeichnungen, in der Ritzkunst vieler Stammeskulturen zum Ausdruck kommt und auch heute neu entsteht, zum Beispiel in den spontanen Malereien aus dem Unbewußten, wie sie in der Kunst-Therapie angeregt werden. Klee greift deren aperspektivische, expressive und von keinem Abbildungswillen beeinträchtigte Darstellungsweise auf. Kunst bilde nicht ab, sondern „macht sichtbar". Dieser Ausspruch Klees stellt sein Programm dar. Er macht etwas sichtbar, was zuvor nicht erkennbar war. Solche Engelsgestalten, wie Klee sie zeichnet, hat es nie zuvor gegeben, sind nie zuvor sichtbar gewesen.

Sie sind nicht schön im landläufigen Sinne, einer von ihnen heißt sogar ausdrücklich „Engel, noch hässlich" oder einfach „hässlicher Engel". So mögen manche dieser Engelgestalten merkwürdig anmuten, grotesk, manchmal eher abstoßend als anziehend. Daß Engel göttliche Schönheit ausstrahlen könnten, ist Klees Thema nicht. Dabei haben auch seine Engel ihre eigenartige Anmut und Schönheit, wenn man Klees tanzende Linien und Figurationen unvoreingenommen auf sich wirken läßt. Sie haben eine Stimmigkeit in Proportion und Linienführung, die einen zum Erstaunen oder auch zum Lächeln bringt. Es ist die Leichtigkeit eines Linientanzes, der tiefe Leiderfahrungen enthält und sie zugleich übersteigt und transzendiert.

Jetzt sind wir nahe bei Klees Engelerfahrung. Vor welchem Hintergrund widerfuhr sie ihm? Klee durchschreitet zu der Zeit einen Lebensübergang mehrfacher Art. Das Lebensjahr, in dem er die zahlreichsten Engel gestaltet, das Jahr 1939, ist sein neunundfünfzigstes Lebensjahr. Er steht am Übergang zum sechzigsten Jahr, das für jeden Menschen einen spezifischen Übergang bedeutet. Es gilt, die Lebensernte einzufahren. Die Lebenszeit ist nicht mehr unbegrenzt.

Klee hat demgegenüber seit dem Jahr 1933 die Diffamierung durch die Nationalsozialisten erfahren, die seine Kunst als „entartet" gebrandmarkt hatten, was seine Entlassung aus der Professur an der Düsseldorfer Kunstakademie nach sich zog, woraufhin er zurück in die Schweiz floh, nach Bern, woher seine Mutter stammte und wo er aufgewachsen ist. Seine volle Einbürgerung gelang jedoch nicht mehr. Zudem brach im Jahr 1939 der Zweite Weltkrieg aus. Bildet also auch Zeitgeschichte mit ihren gewaltigen Übergängen im Bereich der Politik, die auch die Kunstauffassung tief erschütterte, den Hintergrund für den Einbruch von Engelerfahrung bei Paul Klee? Oder ist es vor allem der Ausbruch seiner lebensbedrohlichen Krankheit, der progressiven Sklerodermie, die den Boden bereitete und ihn durchlässig machte für solche Begegnungen? Klee wußte in der Tat seit dem Jahr 1937, daß eine lebensgefährliche Krankheit an ihm zehrte und geriet damit in eine existentielle Übergangserfahrung, in ein Zwischenreich zwischen Leben und Tod. Dort rief ihn sein tiefstes Selbst, wie es jeden Menschen rufen kann, über alles Bisherige, über sein kleineres bewußtes Ich hinaus zu gehen, er selbst zu werden. Unser tieferes wahres Selbst kann uns Menschen, wie C. G. Jung es sieht, so gegenüber stehen wie ein Du, und uns wie ein Engel gegenüber treten. Das Selbst begleitet jeden von uns Menschen ein Leben lang – so wie man früher allgemein glaubte, daß ein Schutzengel uns durchs Leben begleitet – und ruft uns, mit ihm in Beziehung zu treten, uns immer mehr auf das hin zu entwickeln, was durch unser innerstes Wesen in uns angelegt ist. Alter Volksglauben meinte zu wissen, daß wir uns im Tode schließlich mit unserem Engel vereinen und uns in unseren Engel verwandeln könnten. Noch der Maler Chagall schreibt ein Gebet in diesem Sinn:

„Laß mich dein Engel werden – schwach wie ich bin –"

So weit ist dieser Volksglaube nicht entfernt von der tiefenpsychologischen Vorstellung, daß sich der Mensch im Laufe seines Lebens stufenweise auf das innerste Selbst, das in ihm angelegt ist, zuentwickle und vielleicht am Ende seines Lebens mit diesem Selbst identisch werden könne.

In diese Richtung weist der Traum des alten Carl Gustav Jung, er sähe einen Yogi, der sein, Jungs, eigenes Gesicht trägt, in einer Kapelle sitzen und ihn, Jung, meditieren. Jung erschrickt bei dem Gedanken, daß dieser Yogi sein Selbst sei, das ihn meditiere, ihn entwerfe. Wenn dieser Yogi nun erwache – so wußte er –, werde er, Carl Gustav Jung, nicht mehr sein.

Wenn das Selbst, der Engel in ihm erwache, so bedeutet das, daß sein kleineres Ich nicht mehr sei. Ob es einen mystischen Tod sterbe oder einen physischen, das ändert an dieser gleichnishaften Vorstellung nichts, der Klee, bei aller Modernität seiner Darstellung, innerlich nahe gestanden haben mag. Es ginge dann also auch bei ihm in diesem Zwischenzustand zwischen Leben und Tod um die Wahrnehmung des „Engels in ihm", der ihn dazu drängt, sich seinem Selbst, dem Kern seiner Person, möglichst dicht anzunähern, ja, sich schrittweise in diesen Personkern hinein zu verwandeln.

Anfangs geht es mehr um die Brückenfunktion des Engels – im Sinne der „transzendenten", der symbolbildenden Funktion der Psyche bei Jung – nämlich, die vorerst unüberbrückbaren Gegensätze von Leben und Tod, von Schaffensfreude und Loslassen, von weltweiter Anerkennung und Diffamierung seiner Kunst in Deutschland zu überbrücken, zu transzendieren auf ein neues Symbol, der „geflügelten Gelassenheit" hin. Doch letztendlich geht es um die Verwandlung der ganzen Person Paul Klees in den inneren Engel, um seine eigene „Engelwerdung". Diese „Engelwerdung" in ihren verschiedenen Stadien und Zuständen – vom „Engel im Kindergarten" über „Krise eines Engels" bis zum „Engel voller Hoffnung" – beschreiben seine Engelzeichnungen. Der Engel in ihm entwickelt sich, erleidet Rückschläge, schreitet nach vorne aus, bis zu dem hoffnungsvoll komischen Bild „letzter Erdenschritt".

Es sind dabei nicht einfach Übergangsstadien des Menschen und Malers Paul Klee in diesem Zwischenreich zwischen Leben und Tod beschrieben, sondern transzendierende Kräfte – eben Engel –, die ihn anrühren und, bei der dynamischen Strichführung in ihrer jeweiligen Intention wahrnehmbar, ihn zur Transformation treiben. Mit Verwunderung, Verlegenheit, mit Staunen und zuweilen auch mit Verzweiflung nimmt er diesen Verwandlungsprozeß an sich selber und in sich selber wahr. Was ihm hilft, die schrittweisen Veränderungen an sich selbst in all ihrem Ungelenken, Unbeholfenen, in all ihrer Komik und Tragikomik wahrzunehmen und anzunehmen, ist sein untrüglicher Sinn für Humor, der vom Ursprung her ein Sinn dafür ist, sich selbst in all seinen Entwicklungsnöten aus einem Schritt Distanz zu betrachten.

So sehen wir also in den Engelbildern Klees Stadien und Konfigurationen seiner eigenen „Engelwerdung" oder auch Selbstwerdung unter dem Andringen transzendenter Kräfte und Mächte, wie sie auf der Schwelle zwischen Leben und Tod für jeden Menschen spürbar werden können, aber auch schon auf der Schwelle all der kleineren Tode und Auferstehungen mitten im Leben, in denen das kleinere Ich zurückweicht, um dem größeren Selbst Platz zu machen.

Spüren wir doch beim Betrachten von Klees Engelzeichnungen auch den eigenen Erfahrungen nach, die in eine ähnliche Richtung gehen, und lassen wir uns von Klees Bildern im eigenen Wandlungsprozeß begleiten! Vielleicht fühlen wir uns bei den Schwierigkeiten und Rückschlägen unseres Weges von ihm verstanden, aufgemuntert und immer wieder zu einem Lächeln verführt, das uns im Weitergehen beflügelt.

Glück in ein paar Linien

Wohltuend anders als die Sentimentalität und die vorschnelle Vertrautheit, mit der heute so manche Annäherung an die lange vergessenen und unerwartet wieder entdeckten Engel geschieht, ist die behutsame Scheu, die Abstand wahrende feine Ironie, die schwebende und doch sehnsüchtige Ungewißheit, mit der Paul Klee die Erfahrung ausdrückt, die er „Engel" nennt: Es ist eine ahnende Grenzerfahrung, eine stufenweise Verwandlungserfahrung für ihn, die sich in seinen Bildbeschriftungen wie „Engel im Werden" (1934), oder gar „Engel-Anwärter" (1939) niederschlägt und die sich für ihn im künstlerischen Medium vollzieht und nicht anders als dort ausdrücken läßt.

Es gibt für Paul Klee sogar einen speziellen künstlerischen Ort, an dem ein Engel entsteht.[1] Er liegt, wie der Zusatz zu der Wachskreidenzeichnung „Heisser Ort" (1933) präzisiert: „Zwischen Kreuz, Kreis und Dreieck". Das Blatt gliedert sich durch einen Dreitakt aus drei großzügigen Lineaturen in acht weit ausgebreitete Felder – ausgebreitete Flügel? –, von denen das obere wie ein Stirnfeld mit dem Kreuz gezeichnet ist, das linke mit dem Kreis (als einem Auge?) und das rechte mit dem Dreieck.

An dem Schnittpunkt der drei Linienzüge entstehen vier weitere Kreuze, Kreuzungen. Wir müssen die bildnerische Sprache Klees in ihrer Eigenart zu entziffern lernen, um zu

[1] Christian Gelhaar, Paul Klee, Köln 1977, S. 79

verstehen, weshalb er hier, in eben diesem Liniengefüge, den „Entstehungsort eines Engels" sehen kann. Jedenfalls gilt eben diese Komposition, gedreht und auf die rechte Schmalseite gestellt, dem Maler ein Jahr später als Vorlage zu dem Tafelbild „Engel im Werden" (1934). Öl auf Sperrholz aufgetragen, unter Verwendung eines Messers, schafft eine „dichte pastose Bildwand"[2] von dinghafter Präsenz. Nach dieser Drehung zum „Engel im Werden" umgetauft, tritt nun der Kreis wie ein Ewigkeitzeichen von oben ins Bild, von unten antwortet ihm ein Dreieck, dessen Spitze ihm entgegenragt, und diese Begegnung von oben und unten vollzieht sich angesichts des dunklen Feldes rechts mit dem gleichschenkligen Kreuz, das nicht nur als Zeichen, sondern wohl auch als Kreuzsymbol und damit als Leidens- und Erlösungszeichen zu verstehen ist. Hier wirkt die Zeichnung wie von einem Bogen durchschwungen, der umgekehrt auch als von links unten nach rechts oben als zur Seite des Kreuzes aufsteigende Linie gelesen werden kann.

Die Werkgruppe dieser Zeit, seiner Spätzeit, gibt einerseits Antwort auf Klees selbst gestellte künstlerische Frage, „wieviel Glück in ein paar Linien liegen kann" (Brief vom 31. 1. 1933), selbst wenn sie ein schwieriges Thema umfassen!

Um Klees Engel annähernd zu verstehen, müssen wir die Begegnung der Linien mitvollziehen, aus denen sie erstehen. Es zählt bereits der Prozeß der Linienführung für die Bedeutung.

Bei der Bleistiftzeichnung „Vergesslicher Engel" von 1939 wird dies deutlich. Hier ist die Linienführung, die rechts und links des angedeuteten Oberkörpers so zügig zu den Flügeln aufsteigt, doch immer wieder unterbrochen: Rechts erhebt sie sich zur eleganten Spitze des Flügels, senkt sich dann tief

[2] Gelhaar, a. a. O. S. 80

Engel im Werden

herab bis zur Herzgegend des Engels, um, indem sie hier einen tiefen spitzen Ausschnitt bildet, wieder aufzusteigen in Richtung des Engelhauptes, wird aber dabei aufgehalten, da erst die Zeichnung dieses Hauptes erfolgen muß, ehe sie zur Schulter weiterschwingen kann. Übergroß ist dieses Haupt wie bei fast allen von Klees Engelbildern, aber hier herabgebeugt, fast herabhängend. Schwer sind auch die Augenlieder, die den Blick verdecken. Nase oder Mund bleiben nur angedeutet. Irgendwie „scheinheilig" wirkt dieser vergeßliche Engel auf mich, der wohl, ermüdet, sein wahres Engel-Sein wieder vergessen hat. Sind es die so ausdrücklich niedergeschlagenen Augen, die den Eindruck einer gewissen Scheinheiligkeit, wenigstens bei mir, erwecken, die allzu kleinen, ziellos verlegen miteinander spielenden Händchen, von denen vor allem das linke wie angeklebt erscheint, während das rechte – im Bild auf der linken Seite – wieder in schönem Schwung aufsteigt bis zur Spitze des Engelflügels und auf der Schulterlinie landet? Will Paul Klee hier einen Engel zeigen, der, vergeßlich, sich seines Engelseins und seiner Botschaft noch nicht gewiß ist? Ist Klee selbst sich seines inneren Engels, seiner inneren Engel-Erwartung und „Engel-Werdung" noch nicht gewiß? Kommt ihm, selbstkritisch und selbstironisch, wie er ist, seine eigene Annäherung an Engel manchmal illusionär, vielleicht sogar „scheinheilig" vor?

Einfühlsam schreibt der Klee-Kenner und -Freund Will Grohmann[3]: „Es sind nicht die Engel der Duineser Elegien Rilkes, höhere Wesen, die durch Leben und Tod reichen und die Verwandlung des Sichtbaren ins Unsichtbare schon vollzogen haben. Auch Klees Engel leben in der großen Einheit, die Leben und Tod umfaßt. Und sie sehen im Unsichtbaren einen höheren Raum der Realität, aber das gilt bei Klee auch für den Menschen. Die Unterschiede sind nicht

[3] Will Grohmann, Der Maler Paul Klee, Köln 1966, S. 41/42

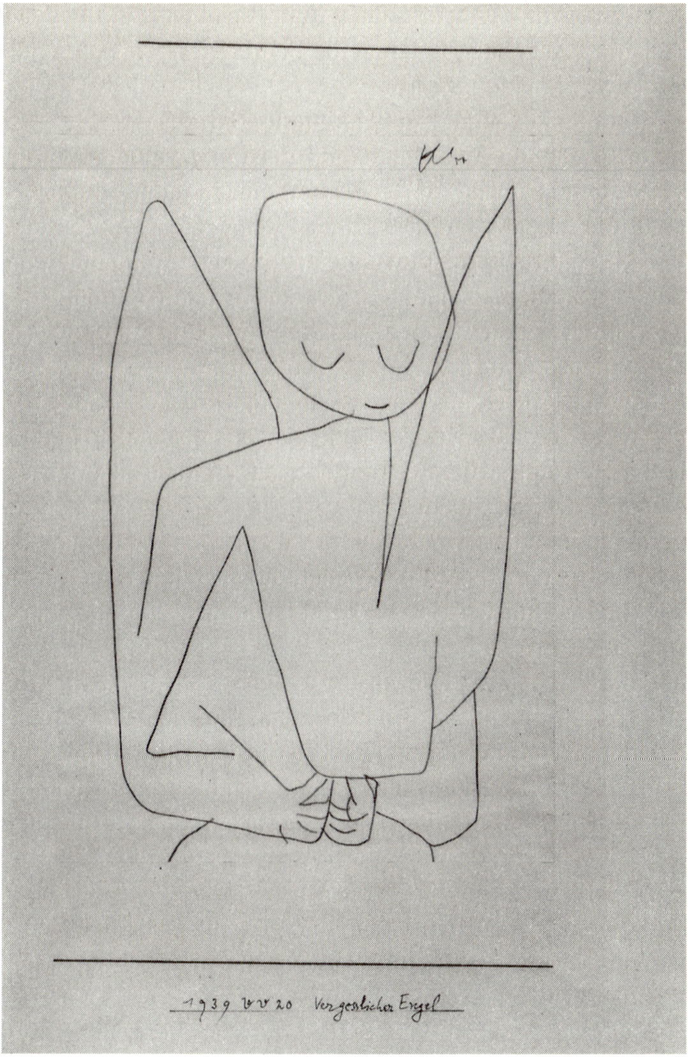

Vergesslicher Engel

groß, wie sollte es sonst einen ‚unfertigen Engel' geben, einen ‚Vergesslichen', ja einen ‚im Schreiten noch Unerzogenen' und gar einen ‚Armen Engel'?

Klees Engel sind vielmehr Sinnbilder der letzten Verwandlung, und die Reihenfolge ihrer Entstehung bedeutet keine Rangordnung, am Ende steht ein ‚Zweifelnder Engel', nicht der ‚Engel vom Stern'."

Auf eine Postkarte, die heute in der Kleestiftung Bern aufbewahrt wird, zeichnet Paul Klee ein Wesen, das dem „Vergesslichen Engel" ähnelt. Er benennt diese Zeichnung schlicht: „es weint ..." (1939).

„Es", ein Wesen, ein Engelwesen doch wohl auch, wie die niedrigen drei Flügelspitzen andeuten, aus denen sein großer unförmiger weinender Kopf sich herausbeugt, ja aus denen er heraushängt, jetzt nicht mehr „scheinheilig", gar nicht, sondern nur noch verzweifelt, sich hängen lassend, mit sackschweren Augenliedern, aus denen dicke Tränen auf ein latz- oder hosenähnliches Gebilde herabfallen. Geht hier das Engelsein „in die Hose"? Das Wesen hat keine Füße mehr, es besteht nur aus Flächen, von denen die äußeren sich wie zu Flügelansätzen zuspitzen. Die niederdrückende Schwere und Schwierigkeit bei dem Prozeß, ein Engel zu werden, den Engel in sich zu realisieren, drückt sich hier aus. Auch hängt der Kopf des „es weint" nach links, nach rückwärts gleichsam in Richtung des Unbewußten, der Vergangenheit, die es nicht los läßt.

Andererseits antwortet die Werkgruppe der Engel aber vor allem auf die existentiellen Fragen, die die tiefen Heimsuchungen und Herausforderungen, die sein Leben zu der Zeit erfuhr, an Klee stellten.

Nachdem Hitler im Januar 1933 die Macht ergriffen hatte, wurde bereits im März gleichen Jahres Klees Haus durchsucht, seine Korrespondenz vorübergehend beschlagnahmt und er selbst im April des gleichen Jahres aus seinem Amt an der Düsseldorfer Kunstakademie fristlos entlassen. Paul Klee

es weint

hatte daraufhin im Dezember 1933 Deutschland verlassen und war nach Bern zurückgekehrt. In der dortigen Kunsthalle wurde dann zwei Jahre später, im Jahr 1935 eine Ausstellung von 273 Werken aus seinen eigenen Beständen ausgerichtet, was ihn in seinem Schaffen neu beflügelte und die Fertigstellung einiger Tafelbilder ermöglichte, zu denen bereits farbige Vorstudien, wie zu „Engel im Werden“ vorgelegen hatten, doch brach im gleichen Jahr die verhängnisvolle Krankheit aus, die als Sklerodermie diagnostiziert wurde und die Schritt für Schritt mit einer Verhärtung seiner Haut und der Lähmung seines ganzen Körpers auch die Beweglichkeit seiner Hände einschränkte, was seinem Stil, wenn auch keineswegs seinen künstlerischen Einfällen in der Folge anzumerken ist.

Nur fünf Jahre später starb er an dieser Krankheit.

Unter dem Schatten dieser existentiellen Bedrohung und Grenzerfahrung entstanden seine Engelbilder, die bei all ihrem Witz, ihrer zuweilen distanzierten Ironie Bilder von tiefstem Ernst sind. Ein Vorbote dieser Engelserie des Spätwerks war „Der Künftige“ aus dem Jahr 1933/34.

Klees künstlerische Produktion fiel 1936 mit nur 25 Arbeiten auf den kargsten Stand. 1938 dann entstehen die großformatigen Hieroglyphentafeln, die seinen späten Stil einleiteten. Die Elemente sind hier unzentriert und locker über die Bildfläche gestreut, wobei die Striche immer mehr zu mächtigen Balken anschwellen. Schließlich entstehen aus wenigen meisterhaft ausgewogenenen Lineamenten so monumentale Figuren wie „Erzengel“ 1938, ein Ölbild auf Baumwolle, die wiederum auf Jute aufgetragen war. Strenge verbindet sich hier mit melodisch geschwungenen, eingerollten Linien, die auch an musikalische Noten erinnern könnten: um diesen Erzengel ist Musik! Ein in die Vertikale gezogenes Antlitz erscheint in dem Liniengefüge: am bedeutsamsten aber ist das Feder- oder auch Flammenzeichen am imaginären Ort eines „dritten Auges“, eines Weisheitsauges, dessen Spitze markant nach oben weist.

Erzengel

Im letzten Schaffensjahr 1939, ja in den letzten Schaffensmonaten bis Mai 1940, entsteht neben Bildmotiven des näher rückenden und geahnten Todes die umfangreichste Variationenfolge zum Thema „Engel“.

Unwillkürlich, wie aus dem Unbewußten des Künstlers aufsteigend, jedoch bewußt angenommen, gestalten sich die weit gespannten Lineaturen dieser Zeichnungen zu eigentümlichen Flügelwesen.

Seltsame, geheimnisvolle Wesen eines Zwischenreichs – sie sind hier noch sehr menschennah, mit typisch menschlichen Unvollkommenheiten und Schwächen behaftet: Es sind „Engel-Anwärter“. Es sind noch nicht transzendente Boten als solche, sondern eher Figurationen menschlicher Befindlichkeit angesichts der Ahnung von Transzendenz, wie sie sich bei grundstürzenden Lebensübergängen, bei lebensgefährlicher Krankheit und Todesnähe bei jedem Menschen einstellen und die sich bei einem so durchlässigen Menschen wie Klee, der sie zu gestalten vermag, noch im besonderen finden.

Noch immer und bis zuletzt – das zeigt Klees innere Freiheit – ist zweifellos auch Humor bei diesen Engeldarstellungen im Spiel, Humor, wie ich ihn bei keinen anderen Malern von Engeln gefunden habe und nur selten bei Menschen in Todesnähe.

So bei der Zeichnung mit dem Titel „Engel, noch weiblich“ (1939): In dieser Zeichnung eines Engel-Wesens mit übergroßem Kopf und großen Augen, von denen das eine nach oben, das andere nach unten blickt, dessen Brauen und Nase zum Kreuz verwachsen sind, ist dieses „noch weiblich“: weil es doch in dem einen Flügel – links im Bild – die zeichenhafte Andeutung weiblicher Brüste aufweist und die kaum sichtbare Andeutung einer Scheide erahnen läßt, während die segelartigen Flügel strikt nach oben weisen. Hinter dem schon ausgerollten linken Segel lugt das Gesicht hervor.

Noch nicht ganz geschlechtslos – wie man sich Engel doch vorstellt – ist dieses Wesen geworden, das als das weibliche Seelenbild eines Mannes zugleich Animaqualität hat, doch wirkt es als Engel fast noch embryonisch, ein Embryo, verwandt mit den Kopffüßlern, wie sie Kinder malen. Keimhaft wie ein Embryo und zugleich von weiblich-seelenhafter Qualität ist dieses werdende Engelwesen also auch in Klee.

Einige der Engel dieser Phase, meist mit grobem Bleistift gezeichnet, sind dem Künstler offenbar so wichtig, daß er sie noch im gleichen Jahr farbig ausgestaltet, wie den eben genannten.

Mit dem „Engel, noch hässlich" (1940) verfuhr Klee schließlich in ganz besonderer hochbedeutsamer Weise. Er fügt das Motiv dieser ursprünglichen Bleistiftzeichnung in sein letztes Bild ein, eine nicht mehr betitelte Komposition, die als „Letztes Stilleben" bekannt geworden ist. Während auf der Zeichnung der „Engel, noch hässlich" ein Minuszeichen enthält, steht an der gleichen Stelle in der letzten Komposition, in die sie wie ein „Bild im Bild" eingefügt ist, ein Pluszeichen. Hat sich seine Einstellung zu diesem Engel, vielleicht dem Todesengel, im Laufe dieses Prozesses seiner Engelerfahrungen ins Positive gewandelt? (Abb. s. S. 180)
Sehr reich an Bildern sind in Klees Schaffen die letzten dreieinhalb Jahre seines Lebens: 1938 sind es 489 Werke, 1939 gar 1253, so viel wie nie zuvor, und im Todesjahr, in dem er bis Mai noch arbeiten konnte, sind es noch einmal 366 Arbeiten, wobei die nicht mehr signierten, die zum Nachlaß gehören, nicht eingerechnet sind.

Im Jahre 1939 sind unter diesen Werken 28 Engelbilder, im Todesjahr immerhin noch 4, während in den Jahrzehnten davor nur, oder immerhin, etwa 20 entstanden waren, darunter „Engel bringt das Gewünschte", wohl das früheste seiner Engelbilder (1913), das er 1920 in einer Lithographie wieder aufgegriffen hat (Abb. s. S. 29).

Engel, noch weiblich

ohne Titel (Letztes Stilleben)

Engel waren durchaus ein Lebensthema für Klee, das sich jedoch angesichts des Todes deutlich verdichtete.

„Der Künftige" ist in der Gestaltung wegweisend für Klees künftiges Schaffen in dieser Thematik geworden. „Der Künftige", ausgeführt als eine Messerarbeit, entstand im Schicksalsjahr 1933, als seine Lehrtätigkeit am Bauhaus und der Düsseldorfer Akademie abrupt beendet wurde und Klee zurück in die Schweiz flüchtete.

Das Bild entstand nach einigen Zeichnungen mit Titeln, die Klees Erschütterung zu dieser Zeit ausdrücken wie „Schande", eine beklemmende Zeichnung, die Klees tiefe Scham und Verwundung angesichts solcher Diffamierung zeigt, ebenso wie „Die Träne", „Auswandern" und „Angriff der Nächstfolgenden" und erhebt sich doch um eine ganze Dimension über sie. Denn hier erscheint in diesem Desaster ein Engel.

Bezeichnenderweise handelt es sich um eine „Messerarbeit", eine in Klees Schaffen neue, intensive und relativ grobe Technik, der er jedoch transzendente Schwingung abzugewinnen weiß. Schon in den Kleisterfarbenbildern von 1930 wie „Nekropolis" fand Klee eine Technik, in der Farbe und Auftrag so sehr dominieren, daß das Gegenständliche nur mehr wie von ungefähr zutage tritt. Hier geht er noch weiter und holt mit einem scharfen Spachtelmesser die Figuration aus dem Farbenbrei heraus, wobei zunächst eine schuppenhafte Oberfläche entsteht, die an den Rändern der Vertiefungen aufschimmert. Eine Struktur, die an eine Drachenhaut erinnert.

In diese Struktur nun, die den Drachen selbst repräsentieren könnte, schneidet Klee die unübersehbaren Konturen eines Engels ein.

nach 1915/29 (Engel bringt das Gewünschte)

der Künftige

Schande

Die beiden, an dessen Hüften angebrachten Flügel sind wie nach unten geklappt, sind gleichsam geflügelte Beinkleider, während der linke Arm wie zu einem Zeichen erhoben ist, als winkte er und wiese auf etwas hin. Die Hand ist nicht ausgestaltet.

Frontal blickt dieser Engel aus dem Bild, eine sehr seltene Perspektive bei Klee, frontal, wie die Engel auf alten Ikonen blicken. Doch trägt sein Haupt keinen Nimbus, ist vielmehr eigentümlich nach oben offen belassen. Eine starke bildnerische Gebärde stellt die Diagonale dar, die vom Flügel her rechts unten im Bild aufsteigt und bis zur Schulter links oben reicht, aus der der rechte Arm hervorwächst. Diese Linie wirkt wie der Schulterriemen eines Gewappneten.

Wie immer bei Klee spricht die zeichnende Linie als solche ihre Gebärdensprache.

Diese Linie setzt rechts an der Seite des Kopfes – wie sie im Bild erscheint – an, umreißt den Kopf, fährt zur Herzgegend hinunter und von dort im Zickzack zu der Hüfte rechts im Bild, formt den Flügel bis zu seiner unteren Spitze, um von hier aus die ganze Gestalt diagonal zu durchfahren und an der Schulter links im Bild anzukommen, von wo sie in konkavem Bogen die linke Hüfte erreicht; von hier nun wendet sie sich scharf und durchzieht in einer waagrechten Geraden den unteren Leib des „Künftigen“, steigt schließlich, um 90 Grad gewendet auf, als wollte sie ein Rechteck zeichnen, bis sie die Ohrenhöhe des Engels erreicht und sein Gesicht von einem Ohr zum andern über die Nase weg quer durchführt. Etwas Viereckiges, Vierschrötiges haftet dieser Linie, die sehr schwungvoll beginnt, in der letzten Phase an. Zugleich bildet sie in dieser Zeichnung ein Fenster, eine Tafel auch, durch die der Engel durchschimmert. Macht er etwas sichtbar, vernehmbar? In seiner Gestik und Mimik scheint dieser Engel zu rufen, aufzurufen! Wozu? Ist er der

Bote des Krieges, der unter NS-Herrschaft über Europa hereinbrechen würde?

Es ist beeindruckend, wie Klee aus nur zwei zusammenhängenden, nie unterbrochenen Linien – die zweite bildet den anderen Flügel – den gesamten Umriß des Engels entstehen lassen kann. Er ist „aus einem Guß“!

Angesetzt wie die Arme sind auch die verhältnismäßig kleinen Beine, die nach links ausschreiten. Beine und Arme sind hier nicht wichtig, so scheint Klee zu sagen, wichtig ist vielmehr, was hier in Erscheinung tritt. Ein Engelbote ist dies, der sich in der Schuppenhaut des Drachens ins Sichtbare verdichtet. Oder ist er als eine Art Abwehrzauber gemeint? Der Engel, der mögliche Drachentöter, der selbst in der Schuppenhaut des Drachens, einem Schuppenpanzer auftritt: Ist dies ein Engel, der als Drache erscheint? Konnte Klee womöglich mit dem seismographischen Wahrnehmungsvermögen seines Organismus etwas davon erahnen, daß er selbst eine Krankheit bekommen könnte, die seine Haut verhärten sollte?

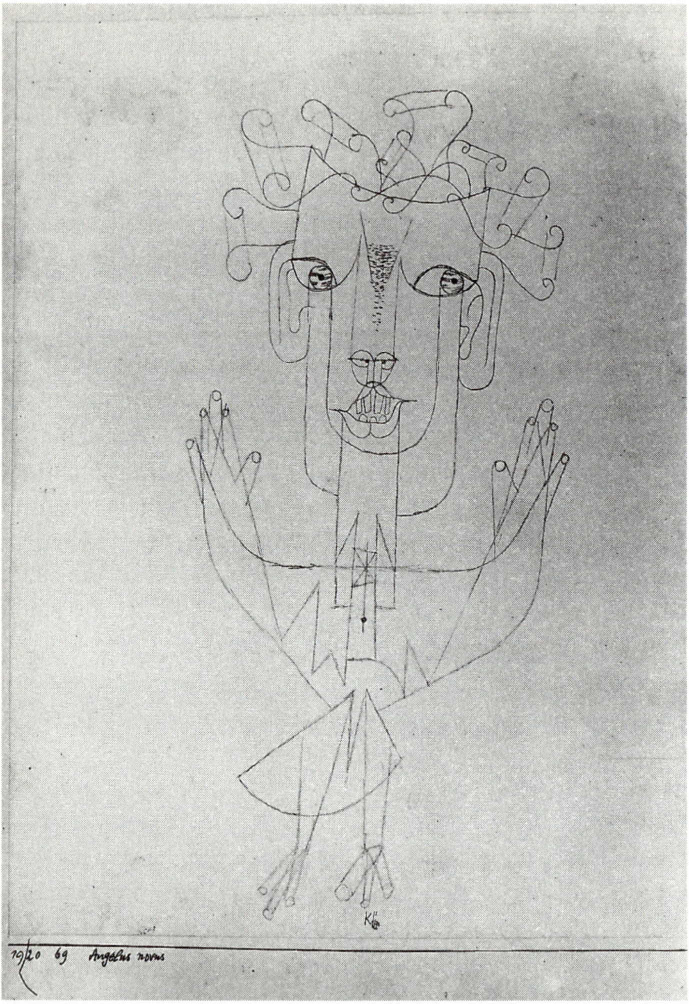

Angelus novus

Die frühen Engel

Angelus novus

Klees „Angelus novus“, der schon im Jahr 1920 entstand, hat keinen Geringeren als Walter Benjamin zu seiner „XIX. Geschichtsphilosophischen These“ veranlaßt, die sich allerdings mehr auf die Katastrophenerfahrung des zwanzigsten Jahrhunderts als auf das Bild von Klee selbst bezieht.[4] Klees Titelgebung „Angelus novus“ wird von Benjamin, ohne nach Klees eigenem Verständnis zu fragen, unter Bezug auf die Kabbala mit „Neuer Engel“ übersetzt. Im Kontext von Klees prozeßhaften Vorstellungen und Verfahrensweisen wäre sie aber eher mit „Junger Engel“ zu übersetzen und zu verstehen, im Sinne eines „Jungen Engels“ als einem, der noch werden muß. So zeichnet sich dieser „Angelus novus“ doch durch einen übergroßen Kopf im Verhältnis zum Körper aus, an dem ein rudimentäres Körperchen hängt. Die Beine sind kaum angedeutet, sind Vogelfüßchen fast, während die emporgestreckten Hände entfernt an die Geste eines Oranten erinnern, mit ihren knospenden Fingerchen noch kaum den Flügeln gleichen, zu denen sie werden sollten. Sich aufzuschwingen und entsprechend zu handeln, dürfte dem Engel mit solch anfänglichen Füßen und Flügeln noch schwer fallen.

Groß und sprechend ist hingegen das Haupt mit Mund, Zähne und ausgestalteter Kehle: Ein Engel des Wortes scheint

[4] Friedmar Apel, Himmelssehnsucht. Die Sichtbarkeit der Engel. Paderborn 1994, S. 16.

dies zu sein. Seine weit geöffneten Augen scheinen etwas zu erspähen. Groß sind auch die Ohren und damit wohl das Hörvermögen des Engels. Wild zerzaust wirkt sein Haar: von dem „Sturm" her, der laut Benjamin „vom Paradiese her" wehe und so stark sei, daß der Engel seine Flügel „nicht mehr schließen" könne. „Dieser Sturm treibt ihn", so Benjamin, „unaufhaltsam in die Zukunft, der er den Rücken kehrt, während der Trümmerhaufen vor ihm zum Himmel wächst. Das, was wir Fortschritt nennen, ist dieser Sturm."

Auch wenn sich Benjamins Bild des „Windes vom Paradies her" von der Romantik bis zu Andersens Märchen findet und der Engel, der den Geschehnissen den Rücken kehrt, jener alten Vorstellung vom „Umgekehrten Propheten" (Schlegel) ähnelt, so dienen diese Bilder doch Benjamins ureigener Position, die sich darin mit der Kleeschen berührt, daß es eine „bessere Welt" gebe, die aber nur „zwischen den Dingen, in den Bruchstellen erfahren werden kann."

Noch im Jahr 1940, im Zenit der Barbarei, gibt es für Benjamin „jene ins Unsichtbare verwandelten feinen und spirituellen Dinge", die „... im Menschen als Orientierung wirksam werden", die „als Zuversicht, als Mut, als Humor, als List, als Unentwegtheit, jetzt noch lebendig sind und in die Ferne der Zeit (als der historischen Konstruktion) zurück wirken"[5]. Aus seiner Position und Perspektive heraus beschreibt nun Benjamin das Bild des „Angelus novus", ohne auf Klees formale und inhaltliche Intentionen sonderlich zu achten: „Ein Engel ist darauf dargestellt, der aussieht, als wäre er im Begriff, sich von etwas zu entfernen, worauf er starrt. Seine Augen sind aufgerissen, sein Mund steht offen und seine Flügel sind ausgespannt. Der Engel der Geschichte muß so aussehen. Er hat das Antlitz der Vergangenheit zugewendet. Wo eine Kette von Begebenheiten vor

[5] Apel, a. a. O. S. 170

uns erscheint, da sieht er eine einzige Katastrophe, die unablässig Trümmer auf Trümmer häuft und ihm vor die Füße schleudert. Er möchte wohl verweilen, die Toten wecken und das Zerschlagene zusammenfügen." Aber ein „Sturm weht vom Paradiese her" – und bewirkt nach Benjamins Vorstellung, daß der „Angelus novus", obwohl der Zukunft abgekehrt, von diesem Wind, der ihm „von vorne kommt, in die Zukunft getrieben werde"[6].

Von der Symbolik des Bildraumes her, der ich zu folgen gewohnt bin, blickt der „Angelus novus" jedoch aus dem Bildraum heraus auf den Gestalter oder Betrachter zu, doch geht sein Blick über sie hinaus ins Unendliche. Im Rücken links steht ihm der Bildraum, der entsprechend der psychologischen Raumsymbolik auch „Ewigkeit" oder „Paradies" bedeuten könnte, und von dem aus der Engel, wenn überhaupt woher, angetrieben, vorwärts getrieben wird. Vom Sturm – so schön die Vorstellung wäre – bemerke ich nichts weiter als die Bewegung im Haar des Engels. Für meinen Blick taucht er auf wie ein innerlich bewegtes, aber dennoch ruhig dastehendes Zeichen: „Angelus novus", ein „Engel im Werden", der sich vor Klees Augen und unter seinen sensiblen Händen ins Sichtbare verdichtet. Könnte solch ein Zeichen auch in unserem Leben auftauchen, ist es schon aufgetaucht, in die Zukunft blickend, aber angetrieben von der Ursprungskraft des Paradieses, die einen Pfeil der Sehnsucht nach Vollendung ins Unbekannte ausgesendet hat …?

[6] zitiert bei Apel, a. a. O. S. 168.

in Engelshut auf weiter Bahn

in Engelshut auf weiter Bahn

Diese Reißfederzeichnung von 1931 ist eine der frühesten Engelzeichnungen dieser Art. Hier wird ein dreifach gezeigter und hintereinander gestaffelter Körper – oder sind es drei einzelne Wesen – von einem weiten, gemeinsamen Engelflügel umschwungen und bedeckt. Es ist, als hätten alle drei Körper diesen einen Flügel gemeinsam – oder als wären sie alle drei „beflügelt".

Zugleich haben sie alle drei Anteil an dem gleichen Beinpaar, das nach links, nach der symbolischen Richtung der Innenwelt, des eher Unbewußten hin – ausschreitet, während die Engelgestalten eher frontal oder auch leicht nach rechts gerichtet erscheinen, wohin auch die drei Augenpaare blicken. Die Füße nehmen also eine andere Richtung als die Körper und die Augen. Die Augen blicken eher in die Zukunft, während die Beine das Unbewußte, Unbekannte, die Innenwelt zu begehen suchen. Dabei beschreitet diese Dreiergruppe zugleich eine „weite Bahn", die auf der Zeichnung wie eine weite, geschwungene Horizontlinie im Hintergrund erscheint, die durch die im Vordergrund schreitende Gruppe, als wäre diese durchsichtig, erkennbar bleibt, oder sie wirkt auch wie ein versperrendes Seil, eine Ziellinie, die die Dreiergruppe bald durchbrechen wird. In der Weite des Raumes, die gerade durch die geschwungene, horizontal verlaufende Linie angedeutet wird, geschieht dieser Schutz, diese „Engelshut", die den Menschen auf seiner „weiten Bahn" zu behüten vermag.

Wer ist in dieser fast nur in einer Endloslinie gezeichneten Gruppe nun als Mensch zu betrachten und wer als Engel? Die Figurengruppe ist wohl absichtlich so gezeichnet, daß eben dies kaum voneinander unterscheidbar, vielmehr eng miteinander verflochten ist.

Am ersten noch, wenn man schon zu unterscheiden versuchte, wäre der relativ kleine Kopf in der Mitte als der des beschützten Menschen zu identifizieren, dessen Körper wie von einer behütenden Decke umhüllt erscheint, während bei der vorderen Figur, deren Mantel bis auf den Boden reicht, der Engelflügel zugleich den Brustbereich durchschwingt, wobei sie die Flügel wie eine Orante erhebt. Die hintere, größere Figur wiederum breitet den Flügel vor sich aus wie einen geöffneten Schutzschirm. Die kleine Gestalt wäre dann zwischen der vorderen und der hinteren, jeweils größeren Gestalt geborgen, wäre von beiden wie getragen.

Was es für uns selber bedeuten würde, uns von vorne und im Rücken von einer größeren Macht behütet und von ihr geborgen zu fühlen, das ließe sich vor diesem Bild meditieren. „Von allen Seiten umgibst du mich und hältst deine Hand über mir“, so heißt es in Psalm 139,5 über den göttlichen Schutz, der auch hier angesprochen ist.

Dietrich Bonhoeffer, der als Mitglied der Widerstandsbewegung gegen Hitler verhaftet worden war und seine Hinrichtung vor Augen hatte, schrieb doch die unvergeßlichen Hoffnungszeilen:

„Von guten Mächten wunderbar geborgen
erwarten wir getrost, was kommen mag,
Gott ist mit uns am Abend und am Morgen
und ganz gewiß an jedem neuen Tag.

Die ineinander übergehende, nicht abgesetzte Linienführung, mit der Paul Klee die möglichen Gestalten des Menschen und der Engel zu einer einzigen Figuration verbindet, kann, so vermute ich, kaum etwas anderes ausdrücken wollen, als daß Menschen und Engel, menschliche und Engelkräfte ineinander übergehen und letztlich gar nicht voneinander unterschieden werden können. Es gilt offenbar, sich vertrauensvoll auf dieses Zusammenspiel der Kräfte einzulassen, was viel wichtiger wäre, als es zu analysieren.

in Engelshut auf steilem Weg

Klee hat das Motiv hier wieder aufgegriffen. Mit „in Engelshut auf steilem Weg" zeichnet er eine sehr ähnliche Figur wie die eben beschriebene, die sich jetzt zwar in der gleichen Richtung, aber auf steilem Weg nach links unten, in die Richtung nach innen, nach rückwärts, vielleicht zu den großen Bildern des Unbewußten hin bewegt. Die beiden Füße sind auch dieser Dreierfigur wieder gemeinsam zu eigen. Offenbar hat die Behütung durch Engelskraft, die Wahrnehmung göttlichen Schutzes, dem betreffenden Menschen ermöglicht, sich nun noch mehr der Innenwelt, seinen inneren Bildern, zuzuwenden als zuvor. Es ist dieser Dreierfigur des von seinen Engeln getragenen Menschen gelungen, das Gleichgewicht auf dem steil abwärts führenden Weg – der Basislinie eines Dreiecks zugleich – zu halten, da der Flügel rechts im Bild noch steiler nach oben weist, als der Weg nach unten abfällt. Bis zum oberen Bildrand hin steigt dieser Flügel auf, der zugleich breit aus dem Armgelenk der vorderen Figur hervorwächst und sich in weichem Schwung am Hals der hinteren und der mittleren Figur niedersenkt, um gleich wieder aufzusteigen zu dem anderen, dem kleineren und spitzeren Flügel. Doch durch die ungleich große Gestaltung der Flügel, die aber genau mit den spannungsreichen Gleichgewichsverhältnissen in bezug auf das Dreieck korrespondiert, das die Landschaft mit dem steilen Weg bildet, entsteht eine Balance im Bild, in der die „Engelshut" dem Menschen einen Weg ermöglicht, der ihm sonst wohl nicht möglich wäre und Absturzgefahr in sich bärge.

Es ist, als ob der Engel in uns und um uns seinen einen Flügel wie eine Antenne emporstreckte, damit er möglichst gut Verbindung „nach oben" bekommt, wenn unser Weg sich besonders steil anläßt. Auf diese Verbindung zu vertrauen,

in Engelshut auf steilem Weg

sie herzustellen, wäre eine Möglichkeit, auf die uns dieses Bild eines steilen Weges „in Engelshut" hinweist.

Die beiden Dreiecke, das eine, das sich real um den Weg, und das andere, das sich imaginär um den Engelsflügel herum bildet, wiegen einander vollkommen auf.

Es ist so, wie wenn Luther unter seiner religiösen Perspektive einmal sagt: „Heute habe ich so viel zu tun, daß ich zwei Stunden lang beten muß."

Auch zwei sich entsprechende Öffnungen sind in der Formgebung des Bildes zu erkennen: Da ist einmal die schalenförmige Öffnung nach oben, die den oberen Bogen bildet, der beide Flügel miteinander verbindet, so wie dann das nach unten geöffnete „Dach", das das Dreieck über der Basis des Weges darstellt. Öffnung zum Himmel und zum Weg hin, und sei er noch so steil, ist, so sagt diese Zeichnung, unter „Engelshut" möglich. Was bedeutet das nun in unserer eigenen Lebenssituation? Es läßt sich vielleicht an dieser Zeichnung meditieren.

Engel zu drei

Engel zu drei

Ich möchte diesen Dreierfigurationen von 1931, hinter denen ich eine unlösliche Verbindung des Menschen- und des Engelwesens vermutete, nun eine Dreierkomposition aus dem Jahr 1939 gegenüberstellen. Hier macht bereits Klees Titelgebung klar, daß es sich um drei Engel handelt, also um die Dreierdynamik von Engelkräften. Immer, wenn die Zahl Drei auftaucht, handelt es sich um eine Dynamisierung der entsprechenden Wesen oder Kräfte, man braucht nur an die Dynamik des klassischen Tanzschrittes zu denken, sobald ein Dreivierteltakt aufkommt.

Die einzelnen Gestalten unter den Dreien sind hier dadurch klar zu unterscheiden, daß einer jeden von ihnen ein eigenes Beinpaar zugeordnet ist. Es sind allerdings – wie immer bei Klees Engeln – sehr kleine Beine und Füße im Vergleich zur Größe der Köpfe und oft auch der Flügel. Das Oben – das Seelisch-Geistige – wächst bei Klees Engelgestalten offenbar auf Kosten des Unten, des Erdbezogenen, und wächst langsam über dies hinaus.

Hier sind drei Flügel zum Teil nur in Ansätzen vorhanden. Dafür wirken die Köpfe relativ groß, vor allem derjenige des mittleren Engels, der, von links nach rechts blickend – bei Klee sind oft Profil- und Frontaldarstellungen in ein und demselben Gesicht zugleich vorhanden –, eine Überbreite nach rechts gewinnt, wo er den Kopf des kleineren Engels berührt, der ihm entgegenblickt. Hier entsteht Kontakt. Auch der Engel links im Bild lehnt seine Stirn an den Kopf des Nachbarn, hier an den Hinterkopf des mittleren. Sie sind ihm beide zugeneigt, diesem mittleren, stützen ihn, unterstützen ihn. Beide sind hohe Gestalten, mit langgestreckten Oberkörpern, überlang, und erscheinen als solche als rechte Mittler, Verbindungskräfte zwischen unten und oben, Erde und Himmel, Leib und Geist.

Die mittlere, große zentrale Gestalt des Bildes dagegen erscheint zwar auf der linken Seite im Bild recht klar, indem hier keimhaft eine Flügelspitze aus der Schulter ragt, nach unten aber bildet die nach rechts abbiegende Linie eine Form, die an ein Gesäß erinnert, das aber frei schwebt, ohne einen Sitz zu finden – und nach rechts hin im Bild verunklart sich die Gestalt zu einer abstrakten linearen Figuration aus verirrten Flügelspitzen und Pobacken, die sie wie ein Schild nach rechts vor sich hinhält.

Es ist nicht ganz leicht, diese Komposition zu verstehen und zu deuten. Ohne Zweifel stehen die beiden hohen, klaren und demütigen Seitengestalten – Demut zeigt sich vor allem in der Kopfhaltung des Engels an der linken Seite – der mittleren Gestalt bei, die wachsam hinauslugt und zugleich die ganze Mühsal der Gestaltwerdung von Engeln – so verstehe ich diese abstrakte Figuration – in sich austrägt und auch vor sich herträgt wie einen Schild nach außen. Zu der Zeit, im Jahr 1939, schirmt Paul Klee sich nach außen ab – von wo er mehrfach auch zu kulturpolitischen Stellungnahmen angesichts der angespannten Lage in Deutschland aufgefordert wurde –, um sich statt dessen, angesichts seiner lebensbedrohlichen Krankheit, der eigenen inneren Situation, seiner inneren „Engelwerdung" gleichsam anzunehmen.

Die Dreiheit der Engelkräfte hier wirkt zusammen – wie seit der in der Bibel berichteten Dreiheit der Engelerscheinung vor Abraham (1. Mose, 18) –, um Klee seiner wesentlichen Wandlungserfahrung zu vergewissern, sie zu beschirmen, gerade weil hier die inneren Anteile – auch seiner Körperwahrnehmung – noch ungeordnet gegeneinander stehen. Die Schwere der Gesäßregion, wo Trägheit, Nicht-Hochkommen, Festsitzen sich symbolisieren und wohl auch die wachsende Unbeweglichkeit, die die Sklero-

dermie in ihm auslöst – steht in grobem Gegensatz zu der Leichtigkeit und Freiheit, die die Flügelspitzen ihm ermöglichen wollen.

Falls wir in einem ähnlichen Konflikt zwischen Körperbeschwerden und Sehnsucht nach geistig-seelischer Freiheit stünden, mag diese Zeichnung uns beistehen, unser Gleichgewicht wiederzufinden. Dreifach wirkt die Engelkraft, so vergewissert uns diese Zeichnung, die gerade auch den Wandlungsvorgang mit seinem Wissen um das noch Ungenügende und Ungeordnete dynamisch zu unterstützen vermag.

ohne Titel (koketter Engel mit Locken)

koketter Engel mit Locken

Diese Zeichnungen entstand wohl zu Beginn des Schicksalsjahres 1939.

Das nach links gewandte Engelwesen hat in der Tat etwas Elegant-Kokettes, wie die Stellung der überaus feinen Beine erweist, die mehr perspektivisch, das eine von vorn, das andere von hinten, dargestellt sind. Sowohl aus der Hüfte wie aus den Schultern wachsen diesem Wesen die Flügelspitzen, die seine Verwandlung zum Engel untrüglich andeuten. Hier wachsen die Flügel an Kraft auf Kosten der Beine und Füße, denen sie die Kraft offenbar entziehen. Die Organe der Erdenhaftung werden zarter zugunsten der Flugfähigkeit, der Möglichkeit, sich über die Erdenschwere zu erheben.

Der vergleichsweise große Kopf – ein Kennzeichen aller Engelwesen Klees – ist nach links gewandt, wo er mit dem Kinn den in einen Flügel verwandelten Arm berührt, mit einem Ausdruck im Gesicht, als wundere er sich selbst über diese seltsame Verwandlung. Am Gesicht ist die Nasenregion betont durch den kühnen Bogenstrich, der unter den Nasenlöchern hindurch führt, als ginge es diesmal besonders um die Witterung dieses Wesens. Auch ist der Haaransatz, die Haarregion hervorgehoben, die in schöner Rundung Stirn und Hinterkopf umgibt. Zusätzlich entspringt dieser Region am Hinterkopf – wo ein Zopf sein könnte – ein lockenähnliches Gebilde, das diesem werdenden Engel zusammen mit den eleganten Beinen etwas Verspieltes gibt. Taucht mit der Ahnung seiner immer begrenzteren Lebenszeit bei Klee auch der innere Engel auf beziehungsweise ein innerer Engel im Werden, so nimmt Klee offensichtlich zunächst in fast verspielter, in fast koketter Weise Kontakt mit ihm auf. Er betrachtet es in gewisser Weise auch als eine sonderbare, eine fast amüsante Erfahrung und Entwicklung, daß womöglich ein Engel in ihm Gestalt gewinnen sollte. Diese Verwunderung Klees spiegelt sich vielleicht in der Gestaltung dieses werdenden Engels in ihm.

Immerhin ist dessen Blick aus übergroßen Augen, dessen ganze Haltung nach links gerichtet, dem symbolischen Bereich des Unbewußten, Unbekannten, dem innerseelischen Raum entgegen: auch blickt er mehr nach innen als nach außen. Und darin wiederum besteht der Ernst seines Ausdrucks.

Können wir uns nicht in Klee einfühlen, wenn wir bedenken, wie es uns selber erginge, wenn wir an einem mehr oder weniger ernsten Wendepunkt unseres Lebens, einem Lebensübergang, wittern würden – die Betonung der Nase bei Klee! –, daß sich ein Engel in uns konstelliert. Würden nicht auch wir zwischen tiefer Verwunderung, Berührtsein und ein wenig Selbstironie hin- und hergerissen sein? Würden wir uns diese ahnende Wahrnehmung, ein Engel sei in uns am Werk, ein Engel sei im Werden, überhaupt sogleich glauben? Würden wir uns dessen nicht möglicherweise fast ein wenig genieren, und uns – in leiser Abwehr – ein wenig über das amüsieren, was wir uns da womöglich einbilden?

Einen Engel immerhin erfahren! Und das sollte ausgerechnet uns begegnen! Wäre diese Vorstellung – statt ein reales Phänomen zu beschreiben – nicht viel eher als eine Projektion oder eine Überkompensation unserer Hilflosigkeit in der momentanen Lage einzuordnen?

So könnte es auch uns passieren, daß wir wie Klee zunächst einmal mit unserer Vorstellung von einem Engel ein wenig kokettierten, uns ihrer genierten, bis uns, vielleicht, dessen ernster Blick nach innen auch innerlich träfe. Es ginge um eine Begegnung mit unserem möglichen Engel: um nicht mehr und nicht weniger. Vielleicht bedeutete diese Begegnung in einem ersten Schritt auch dieses: daß das Kokettieren mit unserem eigenen Wesen, dieses sich zu gut oder auch zu schlecht, sich zu viel oder auch zu wenig Sein – zum Beispiel für eine Engelerfahrung! –, aufhören könnte; zugunsten einer wirklichen Begegnung mit unserem Engel, der vielleicht zugleich eine Begegnung mit unserem tieferen Selbst jenseits aller Egozentrik und Selbstbespiegelung wäre. Und vielleicht berührte uns bei dieser Begegnung etwas von der spielerischen Freiheit derer, die sich „leicht" nehmen?!

II

Wegbegleiter

Engel des Anfangs

„Einst werde ich liegen im Nirgend
bei einem Engel Irgend."[7]
Paul Klee

Schon früh einmal hatten sich in Paul Klee die Worte zu einem kleinen Ritornell geformt, das ihn mit der rhythmischen Insistenz verfolgte, wie sie die Reigenlieder der Kinder an sich haben: es war der kleine Vers vom Liegen beim „Engel Irgend". – In Klees „Schicksalsjahr" 1939 nun, dem letzten Jahr vor seinem Tod, entsteht die große Engelserie, deren Bedeutung für Klee sein Biograph und Freund Werner Haftmann bewegend beschreibt:

„Die Gefolgschaft dieser Engel steigt nun auf und gibt die letzte Weggenossenschaft. Immer war Klee in den Zwischenreichen zu Haus. Er liebte die Verwandlungen von einem ins andere ... Verwandlung lag allem Sein zugrunde, das Mögliche lag immer als Latenz im Wirklichen. Ins Religiöse gewendet lag die weiteste Möglichkeit noch irdischer Metamorphose beim Engel. In der letzten Meditation will Klee nun auch in dieses Zwischenreich – zu seinem Engel Irgend. Er war ein viel zu demütiger, dem Gesetz seines irdischen Wachstums ganz untertaner Mensch, als daß er auf jenen Gipfel zielte, auf dem die Götter saßen. Er war kein Prometheus. Er war ein Liebender und Unterworfener, der vielleicht die Ferne des Ganz-Heiligen scheute, weil er dem Herzen der Schöpfung nahe bleiben wollte ... Gott war viel

[7] Felix Klee (Hrsg.), Paul Klee, Gedichte, Zürich 1960, S. 9

zu fern, in seiner Wirkform des Geschöpflichen war seine Liebe manifest. Warum sich aus dem Kreis des warmen Geschöpflichen, an dessen Rand die wachenden Engel standen, entfernen zu dem Zu-Hohen, Heiligen, wo keine Verwandlung mehr möglich war? Das Wesen der Religiosität Klees ist ganz auf ein Wirkliches bezogen, auf die Schöpfung als die manifest gewordene Wirklichkeit eines Göttlichen, das unnahbar bleibt und nur im Gleichnis des ganzen Ringes der Schöpfung berührbar ist. Sie gab allem Irdischen die göttliche Durchwirktheit und damit die weiteste Beweglichkeit. Am Rande dieses Großen Ringes der Schöpfung standen die Engel – und unter ihnen der seine, dieser Engel Irgend."[8]

[8] Werner Haftmann, Paul Klee. Wege bildnerischen Denkens, München 1950

Knieender Engel

Die Zeichnung „Knieender Engel“ ist die erste in der Reihe der beeindruckenden Engelgestalten aus dem Jahr 1939: Es ist die erste unter diesen zahlreichen Bleistiftzeichnungen, die Klee als „Engel“ bezeichnet. Warum eigentlich als Engel? Noch hat er nicht die bald für Klees Engel so typischen Flügelspitzen, Klees bildnerisches Vokabular für die künftigen Engelgestalten dieses Jahres ist hier beim knieenden Engel noch nicht ausgeprägt. Was die Linienführung hier zum Ausdruck bringt, ist vielmehr die Haltung des Knieens, in lauter weichen, nach unten durchgebogenen Linien dargestellt, U-förmigen Figurationen, die, vom Kopf, vom Haar ausgehend, im Mantel dann tiefer und gewichtiger werden, bis die Gestalt, auf den Knien wie auf einem Sockel niedergelassen, auf der Erde aufruht. Zugleich wirkt sie hoch aufgerichtet. Dies liegt vielleicht auch an der Schmalheit des Sockels, der im Verhältnis zur ganzen Gestalt zwar breit und dennoch nicht wirklich breit ist, so daß die Gestalt hochragend erscheint. Doch ist sie vom Betrachter abgewandt und unter die angedeutete Wolke wie geneigt, wie gebeugt. Die zarte Linie am Halsansatz drückt die demütige Bewegung aus. Die Geste des Knieens, des Sich-Beugens, steht am Anfang der Engelserie, steht zugleich am Anfang des Schicksalsjahres 1939, eines großen Übergangsjahres für den damals 59jährigen Menschen und Künstler Paul Klee, der bereits von seiner lebensbedrohenden Krankheit weiß und von ihr gezeichnet ist. Eine spätere Zeichnung Paul Klees trägt den bezeichnenden Titel „Dieser Stern lehrt beugen“. Ist es nicht zugleich, als tropfte es an dieser Gestalt nieder, als zerflösse sie wie das Wachs einer brennend sich verzehrenden Kerze?

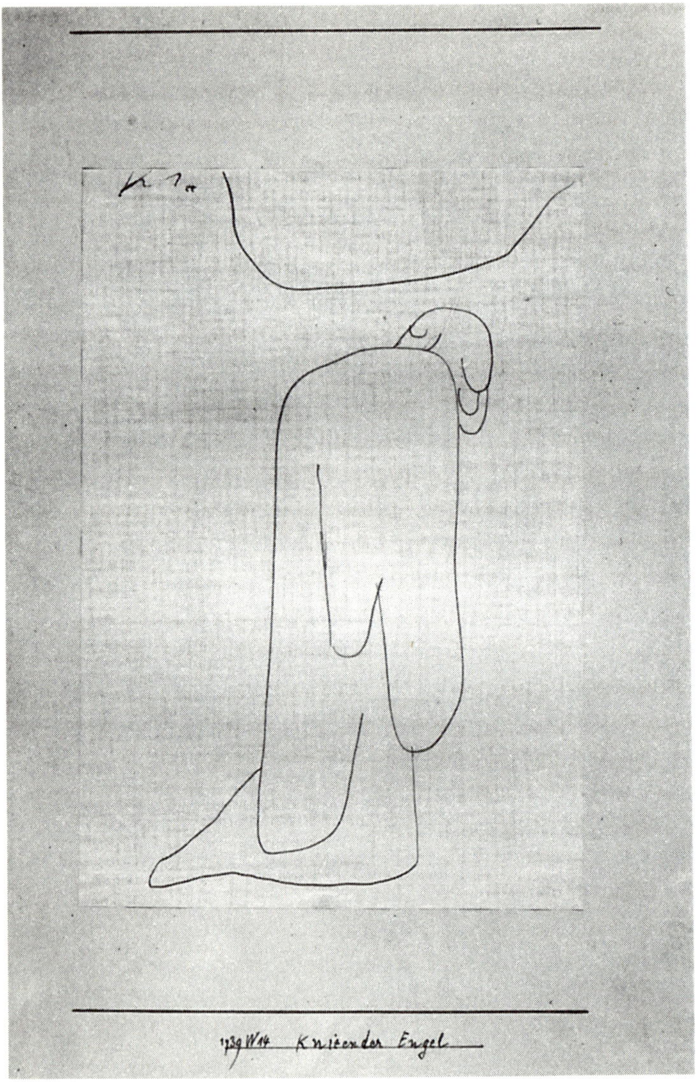

Knieender Engel

Es gibt wohl auch für uns selber kaum eine andere Haltung angesichts des herannahenden Geschickes, aber auch des mit diesem Geschick verbundenen Engels, als zunächst die Annahme, die Hinnahme, ein Sich-darunter-Beugen, wie man sich unter eine herannahende Sturzwelle beugt, sich weich macht, mitgeht. Ihr in ihrer Übermacht zu trotzen, könnte uns wohl das Rückgrat brechen. Sich weich hineinzuschmiegen, nähme auch starken Wellen ihre zerstörerische Kraft. Dies ist die eine Möglichkeit dem Schicksal zu begegnen. Die zweite gleicht einer Meditationshaltung: indem wir uns auf der Erde niederlassen, breit auf den Knien oder in einer Art von halbem oder ganzem Lotus-Sitz, indem wir uns „erden" und starken Halt am Boden haben, vermögen wir uns im Oberkörper aufzurichten, aufrecht zu sein, nach oben ausgerichtet, wie wir es auf Klees Zeichnung wahrnehmen. Auch für uns mag es zudem solch ein angedeutetes Zeichen geben – wie die Wolke bei Klee –, daß wir mit unserem Geschick unter einer Bestimmung, unter einem Schutz „von oben" stehen. Unter dieses Zeichen uns zu beugen, wäre vielleicht unsere wahre menschliche Würde. Auch hinzuschmelzen wie eine Kerze, die sich in Licht verwandelt, ist eine Vorstellung, die Anhalt an Klees Zeichnung fände.

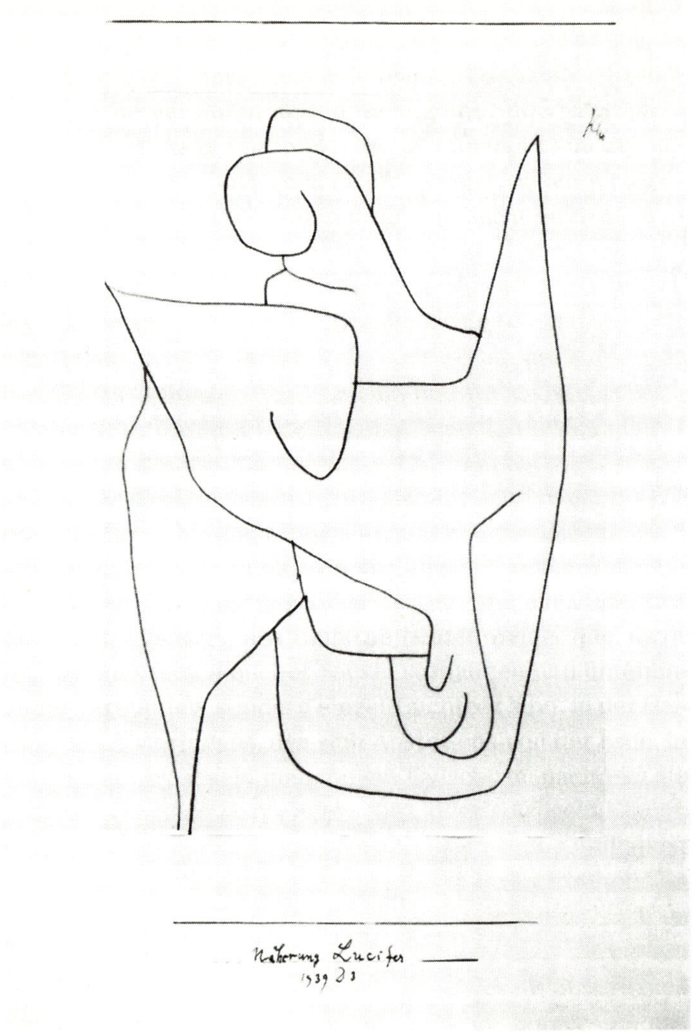

Näherung Lucifer

Näherung Lucifer

Die nächste dieser Zeichnungen ist bezeichnenderweise Luzifer gewidmet, dem Gefallenen, dem „mißglückten Engel". Er in seiner Hybris ist das Gegenstück zum demütig „Knieenden Engel". Auch der Verführer gehört zu Klees Angelologie. Wie sollte er nicht.

Auch diese Gestalt bildet eine in sich geschlossene, in dem Falle aber abgekapselte Form, gleichsam „in se incurvatus", wie Luther das nennt, „in sich zurückgekrümmt" – wobei der rechte Flügel, in der Zeichnung links, wie nach unten geklappt ist, in den Abgrund des kollektiven Unbewußten hinein. Der Flügel kann sich an der Spitze nicht schließen, zwei offene Linien stürzen und hängen ins Ungewisse hinab. Eine Form, die einem dritten Flügel gleicht, ist statt dessen spitz nach oben gerichtet, nach links, angelegt wie eine bedrohliche Waffe. Die Linie, die diesen aggressiven Flügel bildet, wurzelt in der Geschlechtsregion des Körpers, in Formen, die an männliche Geschlechtsorgane, besonders an Hoden erinnern. Eine grimmige, phallisch-aggressive Gestalt ist in Klees Luzifer entstanden. Klees sarkastischer Humor ist dennoch unübersehbar: Er setzt diesem Wesen ein verbissenes Gesicht mit unförmig dicker Knollennase auf, einen Kopf ohne Augen, blind, dafür mit einem fast soldatischen „Käppi" gekrönt. Die Luzifergestalt erinnert zugleich an Klees Serie über die verschiedenen „Näherungen", Annäherungen also, zu denen zum Beispiel auch eine personifizierte Gestalt des Stolzes gehört. Hochmut und Demut sind die beiden Haltungen, die in Klee ringen angesichts des so bedrohlichen Lebensübergangs, der ihm bevorsteht. Dem entspricht die Gestaltung Luzifers als eine spiegelbildliche Doppelgestalt, deren Oben und Unten sich umkehren könnten.

Auch, falls sich uns etwas Luziferisches nähern würde, wäre Humor für uns – wie für Klee – unsere erste und letzte Waffe. Das hieße zugleich, einen Schritt zurück zu treten und das Komische und Unförmige in der verbissenen Aggression dieses Luzifer wahrzunehmen. Zudem heißt Luzifer ursprünglich „Lichtbringer“: Es gibt nichts Aggressives, Feindseliges, das nicht auch ein neues Licht in unsere Situation und unser Wesen bringen würde. Klee plädiert selbst für eine tiefe Annahme der Polarität von Gut und Böse in unserem Leben. „Gott baut seine Welt in Gegensätzen.“

engelsam

Tastend entwickelt Klee sein bildnerisches Vokabular für mögliche Engelwesen weiter: Es fällt ihm für bestimmte Figurationen keine stimmigere Bezeichnung ein, als eben „Engelähnlich", „engelsam", wie er diese Zeichnung sprachschöpferisch in Analogie zu Wortbildungen wie „sorgsam" und „achtsam" benennt. Es ist eine großzügig-luftige Zeichnung, mit wenigen sicheren Strichen entworfen: Schwebendes erscheint hier, dennoch aufgerichtet und zu einer geschlossenen Gestalt verdichtet. Das Schweben ist angedeutet durch den Abstand der Gestalt zu einem Zeichen, das die Erde, den Boden charakterisiert – unmittelbar neben der Signatur „Klee" angebracht – zugleich aber auch durch den Abstand zu dem Himmelszeichen, wohl einer Wolke, die noch über dem Haupt des Engelwesens steht, fast wie ein Nimbus. Abstand besteht also sowohl von der Erde wie auch vom Himmel. Der linke Flügel, rechts im Bild, ragt klar nach oben und unterstreicht die hohe Gestalt des Wesens in der Mitte, während der rechte Flügel, der mit dem rechten Arm korrespondiert – links im Bild! –, sich dreifach auffächert und damit etwas Gefiedertes, ja etwas Rauschendes suggeriert. Wieder erscheint auch der untere Körper des Engels samt seiner Füße wie von einem tragenden Gefäß umfaßt und zugleich emporgehoben. Beim Entstehen dieser Zeichnung mag es Klee zumute gewesen sein, als überkomme ihn dieses schwebend Getragene, ein Gefühl des Schwebend-Getragenseins, wie es einem Engel gegeben sein mochte, dem Engel auch in ihm?

Schwebend getragen zu sein: Auch für uns kann es diese Erfahrung geben, wenn wir uns unserer Existenz zwischen Erde und Himmel immer bewußter werden. Wir sind der Erde und ihrer Schwerkraft verbunden – unser Körper ist Materie beziehungsweise Energie in einem bestimmten Aggregatzu-

engelsam

stand –, und es ist nicht leicht für den menschlichen Organismus, sich zum Beispiel im All ohne die erdende Wirkung dieser Schwerkraft zu bewegen, eine Erfahrung, die erst unsere Generation, eine Generation nach Paul Klee, in ihren Protagonisten, die ins All fuhren, machen konnte. Es ist aber auch nicht leicht, ohne psychische „Erdung" zu leben, ohne unser Eingebundensein in den Alltag, in Beruf und Verantwortung, in Beziehung und ein gewisses Zuhausesein und eine gewisse „Anhänglichkeit an diese grüne Erde" (Bernhard Shaw). Es ist nötig, Wurzeln zu haben wie ein Baum. Es ist gut, seine Wurzeln, seine Erdung lieben zu können, uns selbst und die Menschen, die wir sind. Aber es ist auch nötig, Flügel zu haben, die uns beflügeln, mit Phantasie und Kreativität, ja mit Begeisterung für etwas, das unser tiefes Interesse weckt und uns über unsere Schwerkraft des Alltags hinaus zu tragen vermag. Ja, es ist nötig für unser Menschsein im Alltag, die Fühler, die geflügelten Arme gleichsam nach der Transzendenz auszustrecken, nach etwas, das uns übersteigt.

Ein junger Mann malt ein spontanes Bild: Wurzeln, die an der Stelle, an der sie den Boden durchbrechen, in eine geflügelte Pflanze übergehen, in Flügel, mit der Kraft, die Pflanze dereinst aus dem Boden zu heben. Es ist ein Bild der Sehnsucht.

Die sibirische Psychiaterin Olga Kharitides schreibt in ihrem Buch „Das weiße Land der Seele", wie ein innerer Lehrer sie darüber belehrt habe, daß nicht nur das Licht, sondern auch der Mensch sowohl Teilchen- als auch Wellencharakter aufweisen, je nach Betrachtungsperspektive. „Beflügelt" wäre er Welle, wäre er reine Energiequelle.

Weder nur erdgebunden noch nur himmelsbezogen ist der Mensch in Klees Zeichnung „engelsam". Wer die Balance zwischen den beiden Polen fände, oder vielmehr, immer wieder, wenn wir den Ausgleich zwischen den beiden Polen finden, sind auch wir schwebend getragen, sind auch wir „engelsam".

Engel im Kindergarten

Engel im Kindergarten

Der „Engel im Kindergarten“, eine der Zeichnungen zu Beginn einer neuen, mit AB signierten Engel-Serie des Jahres 1939, ist eine sehr humorvolle, kindlich-anfängliche Gestalt der „Engelwerdung“. Von der Proportion der Gestalt her wäre er noch weit vor dem Kindergarten, höchstens reif für die Kinderkrippe oder die Krabbelstube – ich schätze ihn auf eineinhalb bis zwei Jahre –, er kann sich ja immerhin schon aufrichten, gehen, auch wenn die Beine und Füße nicht sichtbar sind. Riesig ist der nach rechts gerichtete Kopf, geradezu „elefantös“ wirken die Stirnlocken. Der Blick der beiden Augen oberhalb des Querbalkens, der meist bei Klee die Brauen andeutet, scheint nach oben gerichtet, suchend. Das linke Händchen – rechts im Bild – ist kindlich-tastend erhoben: Fast wirkt es wie das noch nicht ganz entwickelte Händchen eines Embryos. Die rechte Hand ist bereits, so scheint es, in ein hängendes Etwas, einen Lappen verwandelt, der vielleicht einmal zum Flügel werden soll: Noch hängt er schlaff herunter wie ein unausgefüllter Mantelärmel.

Das Engel-Kind steht fußlos wie ein Schneemann auf seiner Basis. Die Signatur „Klee“ allenfalls schließt sich wie ein Vogelfüßchen vorne an.

Was will Klee mit diesem humorvoll-grotesken „Engel im Kindergarten“ ausdrücken? Will er sagen, daß er sich zu Beginn der neuen Serie im Blick auf seine „Engelwerdung“ so anfänglich fühlt, als wäre er eben in den Kindergarten gekommen oder, besser noch, erst in die Kinderkrippe? Ob sich Klee – auch wenn er Vater eines Sohnes, Felix, ist – mit diesen Einrichtungen für das Kleinkindalter so gut auskannte? Auch geht es gewiß um nichts naturgetreu Realistisches und genau Altersentsprechendes, sondern darum, daß er sich als Engel zu dieser Zeit als winzig, kleinkindhaft vorkommt, daß ihm der Engel seines Werdens vielmehr zu der Zeit so frühkindlich erscheint wie diese gezeichnete Figur: noch nicht einmal auf den Beinen, dazu ohne tragfähige Flügel! Der Engel, der er werden könnte, ist hier noch rein potentiell, als Anlagemöglichkeit da – so wie der relativ große Kopf eines Kindes mit seinem Gehirn schon das Potential alles dessen enthält, was geistig in ihm angelegt ist und was aus ihm werden könnte. Die Linie über Stirn, Schädeldach und Hinterkopf wölbt sich wie ein mächtiges Dach über der kleinen Gestalt. So blickt Klee voll liebenswürdiger Ironie auf seinen inneren „Engel des Wandels“: Er ist noch sehr am Anfang, auch komisch in seiner ungelenken Werdegestalt. Wenn diese kindliche Engelsgestalt hier im Alter von eineinhalb bis zwei Jahren erscheint, dann könnte man, wie man es in der Traumdeutung tut, zurückfragen nach dem, was zu der Zeit für Klee etwa eineinhalb bis zwei Jahre alt geworden ist? Vielleicht ist es seine Ahnung von dem vermutlich tödlichen Ausgang seiner Krankheit – die ja den inneren Engel des Wandels in ihm konstelliert hat –, oder es ist die Wiederentdeckung des spielend-schöpferischen Kindes in ihm, das sich auch oder gerade angesichts solcher Ahnung erneut in ihm regt und ihn zu der Überfülle von Zeichnungen – keineswegs nur von Engeln, sondern auch von Ungeheuern, Gnomen und vielem anderen – inspiriert, die, aus der Fülle des Lebens gegriffen, Gegenakzente gegen den Tod setzen.

Das Kind ins uns wieder zu entdecken, auch unseren Spieltrieb, der – wie Klee – versucht, eine Gestalt mit einem einzigen Strich hinzubekommen, ohne auch nur einmal abzusetzen, oder doch so selten wie möglich: Er wäre eine unserer schönsten Möglichkeiten, gerade wenn auch bei uns das Schicksal anklopfte und Probleme auftauchten, die auf den ersten Blick kaum zu bewältigen sind. Da haben wir die Chance, uns zurückzubesinnen auf das schöpferische Kind, das wir alle einmal waren, als wir spontan und mangels zeichnerischen Könnens ähnliche Strichmännchen zeichneten, wie sie der Meisterzeichner Klee bewußt und ganz absichtlich vor uns hinstellt. Mancher schon, auch Carl Gustav Jung, hat sich in verfahren scheinenden Lebenssituationen einfach hingesetzt und zu zeichnen begonnen oder, kindlicher noch, mit Kieselsteinen zu bauen angefangen, bis sich auf einmal beim Zeichnen oder Bauen eine symbolische Konfiguration zeigte, die Sinn in die Situation brachte. Dieses Kind in uns mag sich dabei als werdender Engel in uns oder als unser „Engel im Werden" erweisen, der noch unendlich entwicklungsfähig ist und deshalb immerhin bereits den Kindergarten besucht. Wir brauchen das ja nicht als Rückschritt, wir dürfen es auch als mächtigen Fortschritt betrachten: als ersten Schritt in eine immer weiterführende Entwicklung unseres „Engelwesens" hinein. Vielleicht mag es ja wie in Klees geistiger Welt auch für uns einen Spezialkindergarten für Engelwesen geben. Noch ist dieser Kleine ganz ein Mensch, aber vielleicht kann das Engelchen aus ihm herausgelockt, herausgeliebt werden?

bald flügge

bald flügge

Steil sind diesem Engelwesen, einem weiblichen wohl, wie die Brüste andeuten, die Flügel emporgesprossen. Fast fröhlich reckt es sie empor: Der Engel in Klee wird „bald flügge“ werden. Mit dieser Vorstellung sieht er den Engel in Zusammenhang mit kleinen Vögeln, mit Kücken, die eines Tages flugfähig werden.

Eigentümlich ernst und losgelöst wie eine Plastik, wie ein eigener Körperteil, schwebt hier der Kopf samt dem langen Hals dieses Wesens vor dem Körper mit den sprossenden Flügeln. Ist es womöglich dem Kopf, dem Bewußtsein des Künstlers noch recht fremd, was in seinem Leib – oder auch in seiner weiblichen Seele, der Anima – sich tut: diese Verwandlung zum Engel? Eigentümlich schwebt dieser runde kahle Kopf auf dem hohen Hals, das Gesicht, das doch eher kindliche oder auch männliche Züge trägt, zwischen den schlanken Flügeln, die mit dem weiblichen Körper verwachsen sind. Was wird da flügge? Ob es auch weibliche Seelenanteile sind, Gefühl und Ahnungsvermögen, die ihm bei der Verwandlung in den Engel vorausgehen? Und doch ist es auch eine zusammengehörige Gestalt, die unser Auge hier wahrnimmt. Bestünde das Flüggewerden des Engels vielleicht auch darin, daß er seine gleichsam weiblich symbolisierten Seelenanteile immer mehr integrierte? Zunächst wirkt dieser Kopf wie aufgesetzt und überlagert den Schwung und die Weichheit des Körpers. Freut er sich zu früh?

Ist es das Zarte, das Weibliche in uns – seien wir Mann oder Frau –, das zuerst Flügel bekommt und sich in uns auf den Engel zu entwickelt? Wäre es dann nicht besonders wichtig, alle zarten und gar zärtlichen Regungen in uns wahrzunehmen und zu pflegen? Auch die Zärtlichkeit, die beim Betrachten junger Vögel oder Kücken aufkommt, mag dazu-

gehören, wenn sie flügge werden und ein erstes Flügelschlagen üben. Flaumweich ist das Gefieder dieser jungen Wesen, wie unser tastendes Auge wahrnimmt, oder gar unsere Hand, wenn wir ein Kücken berühren. Solches zartes Berühren und Berührtwerden wirkt auf unser Körpergefühl, unser Hautgefühl vor allem, zurück, ob wir uns nun gut und wohl in unserer Haut fühlen oder auch beengt und beeinträchtigt wie Klee unter der fortschreitenden Sklerodermie. Auch alte, sich verhärtende Haut mag unter der zärtlichen Berührung weicher werden, sich dehnen und sich schließlich öffnen für die ersten Flügelspitzen eines Engels, der daraus hervorschlüpfen könnte wie der Schmetterling mit sich öffnenden Flügeln aus der Raupe hervorkommt. Vermögen wir dies wahrzunehmen mit unserem aufmerksam gewordenen Bewußtsein, unserem „Kopf", der sich vielleicht mit den ersten, zarten Regungen des „Engels in uns" zu verbinden beginnt?

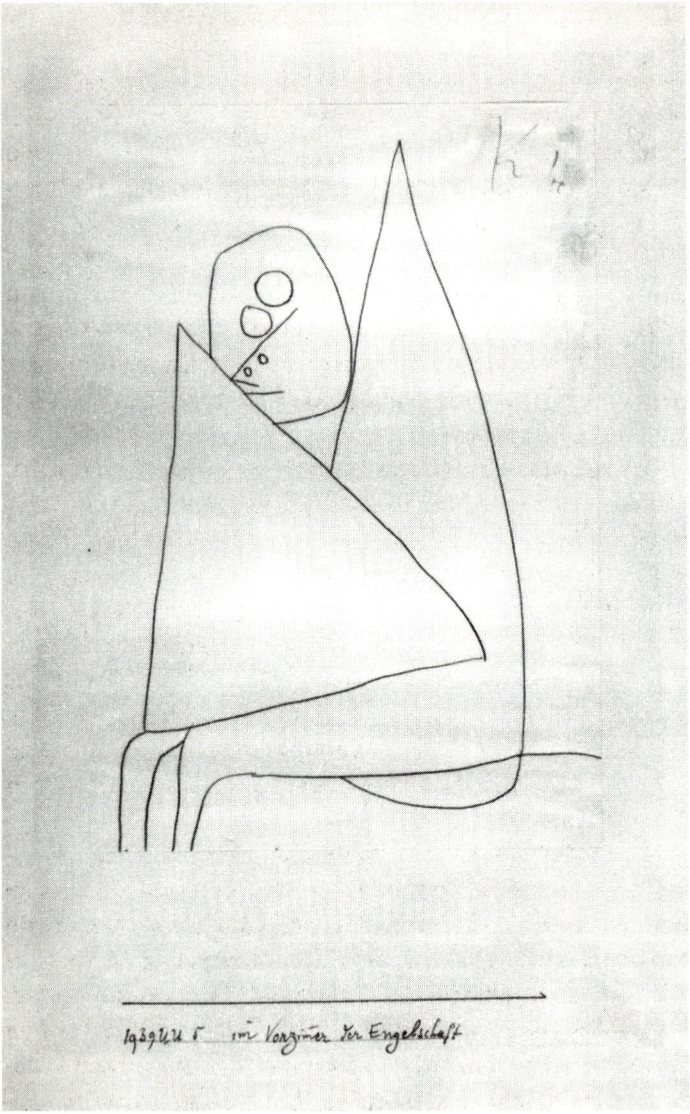

im Vorzimmer der Engelschaft

im Vorzimmer der Engelschaft

Hier kommt Klees sarkastischer Humor im Umgang mit seinem Schicksal deutlich zum Ausdruck. Mit dünnen Beinchen und einem Gesicht, das sich hinter dem vorderen Flügel-Segel halb versteckt, sitzt der Mensch, der „Engelanwärter“ gleichsam im „Vorzimmer der Engelschaft“, wie Klee diese Phase der Engelwerdung köstlich-bildhaft nennt. Der Rücken ist indes schon eins geworden mit dem hohen Flügel, der aus dem Steißbein aufsteigt, wobei – skurriler Einfall! – die Pobacke noch etwas durchhängt durch den kargen Strich, der die Wartebank im Vorzimmer andeuten mag.

Streng nach links gewandt sitzt die Gestalt des Engelanwärters da, also in der symbolischen Richtung des Unbewußten, Unbekannten, wo aus archaischen Hintergründen etwas aufsteigen kann, aus der archetypischen Erfahrung der Menschheit: Erfahrung, wohl gar von Transzendenz, von Wissen um Transformation und um die mögliche Engelschaft des Menschen überhaupt? War es doch eine sehr alte und in vielen Kulturen verbreitete Vorstellung, daß der Mensch sein Leben lang von seinem Engel, seinem höheren Selbst, schützend und fördernd begleitet sei und im Tode in ihn verwandelt werde.

Das große Dreieck des vorderen Flügels, das ich als Flügel-Segel bezeichnet habe, ist mehr funktional zu verstehen. Es ist wie ein Tuch, das die Scham, überhaupt die Nacktheit dieses Wesens verhüllt. Es wirkt auch wie ein Schild gegen das Unbekannte. Letztlich mutet es an wie ein Segel des Bootes, das zur Überfahrt – altes Symbol für den Übergang vom „Land der Lebenden“ in das „Land der Toten“ – bereit steht, aufgefaltet, wohl aber auch Deckung bietend, wie es in weiteren Zeichnungen des Jahres 1939 erscheint. Das Boot ist hier noch nicht ausdrücklich dargestellt, das in der Folge der Engelbilder bei dem „Engel im Boot“ erscheint.

Im „Vorzimmer der Engelschaft“ zu sitzen, auf der Wartebank, wobei wir vor lauter Aussitzen auch etwas durchhängen: Wer könnte sich in diese Geduldsprobe nicht hineinversetzen? Ist es nicht ein wenig wie im Wartezimmer des Arztes, von dem wir Heilung, zumindest Minderung der Schmerzen erwarten? So mühsam das ist: Ist es nicht schon viel, wenn wir überhaupt einen Termin beim Arzt bekommen haben und damit die Gewißheit, früher oder später vorgelassen zu werden und eine Heilbehandlung erfahren zu können? So träumte eine Frau, die übrigens auch starke körperliche Beschwerden hatte und bangte, ob sie je wieder ganz hergestellt werden würde, sie habe „Audienz bei Gott“. In dem Traum, in dem sie sehr bangte, ob sie vor „Gott“ – wer immer das sei – bestehen könne und in dem sie vor allem befürchtete, ihr letztes Stündlein habe geschlagen, ging es dann vor allem darum, daß sie ihr Angenommensein, daß sie Gottes Güte kennen lernte und erfuhr, daß es nur um diese Begegnung, die ihr die Angst nahm, gegangen sei, keineswegs um ihr Ende. Eine besondere Überraschung in diesem Traum war die Erkenntnis: Gott ist eine Frau, denn „Gott“ erschien ihr im Traum mit weiblichem Antlitz. – Und wenn wir nun mit Klee im Vorzimmer der Engelschaft warteten? Worauf warteten wir dann? Ging es um unsere Aufnahme unter die „Engelanwärter“, um Audienz bei unserem inneren Engel oder bei unserem innersten Selbst? Und fühlten wir uns auch hier, nachdem wir uns das Sitzfleisch bald durchgesessen hätten vor lauter Warten, mit der gleichen warmen Akzeptanz empfangen wie jene Frau im Traum bei ihrer Audienz von Gott: Was würde das für uns bedeuten und verändern? Unser Selbst kann uns nicht trügen. Es wird uns wissen lassen, was uns noch fehlt, was wir noch lernen können, was uns heilt. Es gilt, wie es Klees „Engel-Anwärter" mit seinem Flügel tut, den er wie einen Schild vor sich hält, dem Unbewußten standzuhalten, aber ihm auch zu begegnen und damit dem, was uns unsere unbekannte Seite kritisch und ermutigend zeigen wird, das uns vielleicht auch einen großen Lebensübergang erahnen oder erträumen läßt, der uns womöglich bevorsteht.

Schellen-Engel

Schellen-Engel

Der „Schellen-Engel“ ist eine der skurrilsten und humorvollsten Figuren des späten Jahres 1939. Nach rechts marschiert er in einer Art spielerischen Stechschritts – nach links aber, über seine Schulter blickt er zurück, mit seinem übergroßen Kinderkopf und einem Mund, der lächelt. Erspäht er womöglich mit seinem nach unten blickenden Auge die Schelle, die an seinem Hemdenzipfel hängt? Er scheint viel Vergnügen an ihr zu haben, denn auch diese Schelle scheint zu lächeln, sehr kindlich zwar, vielleicht etwas dümmlich. Ihr fehlt die spitze, intelligente, ganz unkindliche Nase, die das Gesicht des „Schellen-Engels“ auszeichnet, die so spitz wie ein Flügelende sonst gezeichnet ist und in hohem Bogen über die Augenbraue weiter führt. Klee hat sie mit einem einzigen, gewagten Strich aus dem Arm des Engels mit seiner Flügelspitze heraus entstehen lassen.

Mächtig schreitet er also nach rechts aus, der „Schellen-Engel“, in Richtung Zukunft, mit seinen allerdings sehr kleinen Beinen, die aus den wadenlangen Hosen ragen, Kleidungsstücken, die hier ausnahmsweise einmal dargestellt sind. Auch die Flügelspitze des angewinkelten Armes stößt gleichzeitig nach rechts vor. Doch der Kopf ist mit einigem Schwung in die Gegenrichtung gedreht, die durch die angehängte Schelle, welche den Blick auf sich zieht, noch betont wird. Das Gesicht drückt Freude an dieser Entdeckung aus.

Der Engel kann sich eines Lächelns, wie mir scheint, nicht erwehren. Etwas Verspieltes, Liebenswürdig-Närrisches haftet ihm an. Das Gesicht der Schelle könnte wirklich ein frühes Kindergesicht sein, aus der Zeit, wo das Näschen noch kaum sichtbar ist.

Ist es Heimweh nach der Kindheit, was den Engel in Klee hier überkommt, wenn er zurück schaut? Links unten, in der Symbolecke des Unbewußten, hängt ihm etwas an, was das zügige Ausschreiten nach rechts behindert. Weiter marschieren zu wollen, während doch diese Schelle alle Aufmerksamkeit auf sich zieht, ist das nicht als „närrisch“ anzusehen? Oder ist es närrisch, sich überhaupt nach ihr umzudrehen? Klees „Schellen-Engel“ läßt beide Deutungen zu, läßt beide Fragen offen. Er läuft einfach an uns vorbei und dreht sich erheitert und sehnsüchtig nach dieser Schelle an seinem Hemdenzipfel um, die er sich entweder selbst oder die ein anderer ihm angehängt hat. Zugleich weisen seine beiden Flügel am Rücken spitz und gerade nach oben. Die Fühler nach oben sind aufgestellt, während ihn da unten, da hinten etwas noch sehr beschäftigt. Närrisch?

Kennen auch wir solche Situationen? Da wollen wir vorausschreiten in eine bestimmte Lebensrichtung, mit den Füßen, ja mit „Herz und Hand“, wie man so sagt, aber der Kopf gehorcht uns nicht, er ist angezogen, fasziniert von etwas Verspieltem, vielleicht Närrischem, Kindlichem in unserem Rücken, das uns auch anhaftet, anhängt: etwas aus unserer eigenen Kindheit? Es kann offenbar in solch einem Falle erst weiter gehen – nach vorne oder eher noch nach oben –, wenn wir uns zuerst mit dieser Schelle noch beschäftigt haben. Ist es die Schelle des Narren, des „weisen Narren“ vielleicht auch, oder die eines Tänzers, die beim Tanzen klingelt oder knattert wie Kastagnetten? Ist es eine der Schellen, die in der Schweiz – und Klee ist schweizerischer Herkunft von seiner Mutter her – den „Silvesterkläusen“ anhängen, die, beim Tanz, beim Hopsen und Springen mit ihnen klingeln und scheppern, um, wie es ursprünglich gedacht war, damit die bösen Geister zu vertreiben? Eine Möglichkeit, mit solchen Schellen die bösen Geister der Zukunft und der Zukunftsangst zu vertreiben, ist also in dieser Zeichnung auch noch mit angedeutet. Hätte der „Schellen-Engel", wenn wir ihn gut bedenken, womöglich diese Fähigkeit auch gegenüber unseren eigenen Ängsten: böse Geister, Geister der Schwere und der Niedergeschlagenheit zu vertreiben?

Miss-engel

Miss-engel

Die Gestalt, die Paul Klee „Miss-engel“ tauft, muß ein ganz merkwürdiges Gefühl in ihm wachgerufen haben, eben das einer Mißgestalt, einer mißlungenen Figuration, die unter der Perspektive möglichen Engelseins noch recht mißglückt erscheint. Im Vergleich zu den gelungenen und wohlverbundenen Proportionen der Zeichnung „engelsam“ ist der „Miss-engel“ unproportioniert und erscheint wie in einzelne Teile zerlegt.

Der große, waagrecht gelegte Kopf ist abgelöst vom Körper und „klebt“ allenfalls an dem Flügel rechts im Bild, der ebenfalls ein Einzelteil in Gestalt einer Melonenscheibe darstellt. Die waagrechte Lage des Kopfes ist zwar bei Klee immer auch eine Chiffre für „Demut“, doch schwebte in dieser Zeichnung dann diese Demutsgeste recht unverbunden über allem anderen. Die weibliche Brust und der tierähnliche Unterleib hängen zwar durch die Linie links im Bild zusammen, die sich schließlich zu einer Art Flügelspitze über der einen Schulter aufzuschwingen versucht, die aber jählings wieder zur anderen Schulter herabgezogen wird durch die Dynamik einer Diagonale. Gebilde, die einem Bein ähneln, sind dem Körper schließlich unorganisch angesetzt, nicht wirklich mit ihm verwachsen. Immerhin wird es vom Maul der tierähnlichen Form, die von links kommt, berührt, so wie auch ein zusätzlicher Mund an der Seite des Kopfes den Rumpf „küßt“.

Klees „Miss-engel“ zeigt die mangelnde oder sich anbahnende Verbindung zwischen – denkender? – Kopfregion, weiblich empfindender – fühlender? – Brustregion und animalisch erlebender – begehrender? – Unterleibsregion an.

Mit dem Gehen kann es bei diesen Beinen nicht weit her sein und mit dem Fliegen – bei diesen Flügeln! – auch nicht. Die ganze Unzulänglichkeit und Mißgestalt menschlichen

Erlebens angesichts der von innen her empfundenen Forderung – des höheren Selbst? – sich zu verwandeln und zu transzendieren, wird hier fühlbar. Dem Noch-Nicht der Engelwerdung, der Verwandlung in ein sich selbst transzendierendes Wesen, wird hier wie auch in zahlreichen weiteren Zeichnungen dieser Serie deutlich. „Engel, noch weiblich" schließt sich in der Entstehungsfolge des Zyklus hier an.

Die Erfahrung des zeitweiligen Gespaltenseins ist den meisten von uns gut einfühlbar. Das Denken wollte sich wohl hingeben, der Kopf neigte sich einer ziehenden Sehnsucht „engelwärts", einem starken Gefühl entgegen: Aber auf einmal wirkt er wie abgetrennt von den übrigen Bedürfnissen und (Trieb-) Wünschen des Leibes, löst sich ab wie ein Luftballon, und das übrige trennt sich von ihm und löst sich auch untereinander auf. Was ein Engel werden wollte, zerfällt in eine Mißgestalt, die vor allem unfähig ist, auszuschreiten, sich zu bewegen. An der Erfahrung, daß es mit unserer inneren „Engelannäherung" mißglücken könne, scheint mir das eine wichtig: daß wir sie doch versucht haben, daß wir sie ohne einen inneren Auftrag unseres Selbst wohl gar nicht hätten probieren können. Die Enttäuschung und Ernüchterung über solches Mißglücken erfahren nur diejenigen unter uns, die solche Annäherung an den inneren Engel überhaupt versucht haben. Möge uns dieser Versuch nicht leid tun, er gehört zu unserer Menschenwürde! Er will jedoch mit solcher Intensität unternommen sein, daß unter diesem großen Einsatz unser ganzes Wesen zusammenschießen, sich zusammenschließen kann, wie von selber zu einer Einheit wird, wie bei Jakob, der mit seinem Engel rang und dessen Angebot, ihn zu schonen und gehen zu lassen, ausschlug mit den Worten: „Ich lasse dich nicht, du segnest mich denn" (1. Mose 32,26). Gewiß, solche ungeheuren Herausforderungen können wir uns nicht aus-

denken, sie nicht bewußt herbeiwünschen, sondern sie nur annehmen, wenn sie kommen. Dafür allerdings können wir uns bereit machen. Bei Klee war es die Herausforderung durch die Diffamierung seines Werkes – wären wir bereit, zu uns zu stehen, auch wenn wir selbst und unsere Arbeit öffentlich diffamiert würden? – und noch mehr die Herausforderung durch die Krankheit, wie wir sahen. Mancher konnte sich unter der Herausforderung durch eine ernste Diagnose so versammeln, daß er seinem inneren Engel aus der Mitte seiner Person heraus zu begegnen und zu antworten vermochte. Auch Klee gelang dies immer wieder.

unfertiger Engel

unfertiger Engel

Der „unfertige Engel“ hat zwar an allen Extremitäten – vor allem auch an den Beinen Flügelspitzen ausgebildet, doch kann er sie gleichsam noch nicht nutzen: Er kann sich noch nicht über die Schwerkraft der Erde erheben. Die Flügelspitzen am linken Bein erscheinen geradezu als dysfunktional. Was sollen Flügel an Schenkel und Waden? Dachte Klee allenfalls an die geflügelten Schuhe des Hermes, die in gewandelter Gestalt hier neu im Entstehen wären? Oder wären die Flügelspitzen als Schwanzgefieder zu verstehen, während sich der Körper in den feinen Beinlinien wie in Fühlern nach unten noch fortsetzte?

Vielleicht liegt die Unfertigkeit dieses Engels auch darin, daß er sich trotz seiner Haltung mit dem Oberkörper in die Flügel zurücklehnt, fast als lehnte er in einem Sessel zurück. Dieses Wesen wünscht sich offenbar sehnlichst, ein Engel zu werden – und wäre doch ein wenig zu bequem dazu? Andererseits: Es liegt auch ein Schwung in den vier parallel ansetzenden, halbkreisförmigen Linien von Schultern, Armen, Hüften und Rücken bis zum Bein, die nach oben zu kommen suchen und wie in einer Schaukelbewegung pendeln. Doch bleiben sie trotzdem noch unterhalb der Flügelspitzen rechts im Bild und kommen nicht über sie hinaus. Sie bemühen sich, aber sie kommen noch nicht recht hoch. Es ist ein unfertiger Engel, den wir vor uns haben. Er ermüdet im ersten Schwung.

Manchmal mag es auch uns zumute sein, als würden uns Flügel an Fersen und Waden, zunächst noch unnütz, wachsen. Aber, wenn sie fertig wären, befähigten sie uns zu beflügelten Schritten. Wohin ginge unsere Phantasie, wenn wir solche Flügelschritte machen könnten? Würden wir singen wollen, tanzen, eine Botschaft bringen, eine Freude weiter geben, vielleicht sogar einem Menschen Heilung bringen? Wären wir Götterboten wie Hermes, könnten wir vermitteln zwischen Gegensätzen, Mißverständnissen? Wären wir dann zugleich auch gute Hermeneuten in der Auslegung von Geschichten und von Texten? Mit solchen Flügelschuhen kämen wir in allem, was uns wichtig ist, doppelt so rasch voran wie zuvor. Das ist eben die Frage, die Klees „unfertiger Engel" in uns auslösen kann: Lockte es uns, die Flügel sprossen zu lassen an all unseren Bewegungswerkzeugen, machte es uns neugierig, was dann geschehen könnte, vielleicht über alles das hinaus, was wir bisher versucht haben, oder wäre es uns doch bequemer, uns in die bereits vorhandenen Flügel zurückzulehnen wie in einen Flügelsessel oder besser: in einen Ohrenstuhl?

der Fels der Engel

Um einiges später in der Folge von Bleistiftzeichnungen entsteht „der Fels der Engel", dessen Lineaturen zugleich an frühe Felsgravuren erinnern. Eigentümlich erscheint, daß dieses Blatt zunächst in der oberen linken Ecke signiert ist, mit „Fels der Engel. Klee", und nicht wie bisher immer, in einer der unteren. Bei der alten christlich-religiösen Malerei war in dieser Ecke häufig die Gotteshand oder auch ein anderes göttliches Symbol angebracht, weshalb sie auch die „Ewigkeitsecke" genannt worden ist: Auch in der spontanen Malerei heutiger Menschen wird diese Ecke oft durch spirituelle Symbole besetzt, vor allem aber dann, wenn durch eine Lebenskrise wie Krankheit, Verlust oder den unvermittelten Einbruch innerer Neuerfahrung die Sinnfrage, die Frage nach Transzendenz, aufbricht. Sollte es hier, schon durch die Ortung der Signatur erkennbar, um solche letzten Fragen gehen?

Der Zeichnung liegt eine pyramidenförmige Struktur zu Grunde, und die Pyramide hat allemal eine nach oben weisende Spitze, in der sich alle Kräfte aus der breiten Basis bündeln. Sie ist ein Sonnen-, ein Licht-Symbol, eine symbolische Figuration, die eine stufenweise wachsende Erfahrung und Erkenntnis ausdrückt. Hier die stufenweise Erfahrung mit Klees innerem Engel. –

Die breite Basis wird hier in der Zeichnung von einer angedeuteten Bodenerhebung dargestellt, auf der sich, wie auf zwei Sockelfüßen stehend, ein Doppelgebilde erhebt, eine Formation aus zwei eher rechteckigen Blöcken, die durch einen Steg nahe der Basis miteinander verbunden sind. Zwischen den beiden Blöcken, oberhalb des Steges, ist ein Hohlraum entstanden, als wäre hier ein Block herausgelöst, der, nach weiter oben verschoben, schließlich zum Unterkörper des relativ großen Engels wird, als wäre

der Fels der Engel

hier die „Engelentstehung“ aus den Blöcken eines Steinbruchs heraus dargestellt. Die „Engelentstehung“ aus gewissen bildnerischen Grundformen war gewiß ein Anliegen Klees, das ich im Eingangskapitel bereits erwähnt habe. Hier können wir es anschaulich miterleben: Klee gestaltet elementare Engelwesen, die an kindliche und für Kinder faßbare Engel am Weihnachtsbaum erinnern mögen. Sie bestehen aus Kopf, Flügelteil, der für den ganzen Oberkörper steht, und einem Unterkörper, der von der Taille abwärts bis zur Standfläche reicht. Diese Unterkörper, die wohl auch Erdenschwere verkörpern, entnimmt Klee möglicherweise dem unten angedeuteten „Steinbruch“ aus Formen.

Der untere, schmal und statisch wirkende Engel links im Bild ersteht beispielsweise aus einem keilförmigen, sehr schlanken Unterkörper, der nach oben verweist, dazu einem Oberkörper, der aus einem noch relativ undifferenzierten, sattelförmigen Flügelteil besteht, von dem sich nur eben Ansätze zu Flügelspitzen abheben. Auf diesem Flügelteil sitzt unvermittelt der Kopf.

Viel bewegter wirkt der nächste, der mittlere Engel, der sich das asymmetrisch aus dem „Formen-Steinbruch“ herausgebrochene Stück als seinen unteren Körperteil anverwandelt und nun, bei ganz schmaler Taille, doch einen bewegten Glockenrock erhält, dazu fröhlich unregelmäßige Flügel, die ausgebreitet sind, als wollte er nach oben abspringen. Auch der Kopf sitzt asymmetrisch auf diesem Flügelteil, was der ganzen Gestalt einen lebendig bewegten, fast tänzerisch nach oben strebenden Ausdruck und Gestus verleiht.

Ruhiger schreitet dagegen der dritte Engel rechts im Bild mit seinen gut ausgebildeten Flügeln und seinem ordentlich auf einen Hals sitzenden Kopf himmelan. Übrigens bekommt man alle diese Engelsgestalten nur von hinten zu sehen.

Auch der vierte Engel oder die Engelin, die ganz oben im Bilde steht, auf der Spitze des Engelfelsens gleichsam, könnte von vorn oder von hinten gesehen sein. Dieses Wesen aber steht nicht mehr fest auf der Spitze des Felsens, es ist vielmehr abgesprungen, wie die noch zur Grätsche geöffneten Beine vermuten lassen, es schwebt über die Spitze des Felsens hinaus, empor. Vielleicht schwebt es da den anderen voraus, vielleicht hält es ihnen die geöffneten Flügelarme entgegen, um die anderen drei Engelgefährten auch in dieser Höhe zu empfangen. Aufsteigend sind sie alle geschildert, doch während die ersten drei noch schreiten, allenfalls bergsteigen, ist der oder die vierte schon da, wo sie hinstreben, angekommen, indem sie die irdische Materie und Schwerkraft, an der vor allem der zweite Engel partizipiert, zum Schweben bringen wollen, „indem sie sich leicht nehmen" (Chesterton).

Das vierte Engelwesen ist auch in seiner Gestalt am differenziertesten. Neben dem Kopf und einem mondsichelähnlichen Flügelteil ist sein unterer Körper mit dem Becken wie ein quer liegendes Trapez, wie ein fliegendes Röckchen gestaltet, aus dem die beiden Beine, hier nicht nur als ununterschiedener Sockel vorhanden und untereinander verbunden, sondern einzeln sichtbar sind, in der Haltung des Abspringens, des sich Abstoßens von der Erde. In dieser Haltung segeln manche am Fallschirm, nachdem sie aus dem Flugzeug gesprungen sind, oder so segeln Kinder, wenn sie vom großen Sprungbrett abspringen. Kindlich ist dieser Mädchenengel gewiß, spielerisch, freischwebend, in der Freiheit von der Erdenschwere. Was könnte nun Klee mit dieser Engelfamilie aus vier einzelnen, aber durch den Fels miteinander verbundenen Engelwesen ausdrücken wollen? Wo die Vier auftaucht, geht es immer um ein Ganzes, wie C. G. Jung oft betont, das sich allerdings hier in seine vier Hauptaspekte auffächert. Was wären diese vier Aspekte einer Engelganzheit hier? Zuerst war, so legt die Zeichnung nahe, ein Felsenwesen da, das auch auf zwei Beinen stand – die Härte, die Unbeugsamkeit des zurückhaltend-beherrschten Mannes Paul Klee –, und nun sind aus ihm, der zerfällt, vier Engelwesen geworden, die sich seiner Felsenanteile bedienen, um sie über die bisherige Erdenschwere zu erheben.

Da ist zuerst der strenge, schmale Engel, der sich still verhält, abwartet, den Flügelteil noch wie einen fast vollen Mond um die Schulter geschlagen, darüber das Oval, ein Sonnensymbol, ein Bewußtseinssymbol, fast rund.

Der zweite ist der stark bewegte, aus dem Gleichgewicht geratene Engel, dessen Unterkörper, neben vielem anderem, auch einer Träne gleicht, der jedoch aufbricht, um hinanzusteigen und die Erdenschwere seines Leibes zu transformieren. Auch sein Oberkörper gleicht, wenn auch unregelmäßig geformt, einen bereits weiter abnehmenden Mond und der Kopf einer runder werdenden Sonne.

Der dritte Engel geht still und bewußt seines Weges. Sein Haupt gleicht der fast vollkommen gerundeten Sonne. Die nach oben weisende Spitze, die sich beim ersten Engel noch im Unterkörper befand, zeigt sich hier in dem linken Flügel, der steil nach oben zeigt, auf den vierten, den fröhlichen Kindengel mit seinem fliegenden Trapezröckchen hin, der sich spielend abgestoßen hat vom „Fels der Engel“ und nun schwebt.

Sein Flügelteil hat die Form einer reinen Mondsichel – eines abnehmenden unbewußten Anteils also – und darüber liegt, wie bei Hathor, dem Symbol der ägyptischen Göttin mit dem Kuhgehörn, das runde Haupt wie der Sonnenball, das Sinnbild des Bewußtseins, vom Unbewußten getragen, gehalten, aus dem es in jeder Nacht und nach jeder Nacht neu entspringt. So entspringen Träume der Nacht, dem Unbewußten, doch sind sie bewußtseinsfähig und offen für die Deutung und das bewußte Verständnis am Tage.

Auch bei uns mögen, wie wir angesichts dieses „Fels der Engel" ahnen können, aus dem „Steinbruch" unserer Bedrängnisse und Beschwerden schließlich Engel entspringen bzw. Stadien und Phasen unserer inneren Engel-Entwicklung. Vielleicht erkennen wir sie in Klees vier Engeln, die sich zum „Engel-Felsen" aufgipfeln, wieder? Oder erhoffen sie? Da ist vielleicht auch bei uns zunächst eine nur ansatzweise Bewegung „nach oben", die sich über die Schwere der Gewohnheiten und belastenden Erfahrungen zu erheben sucht, vielleicht ist es anfänglich nichts als ein leises, ziehendes Sehnen, ein Ahnen der Möglichkeit, die „Schwerkraft" zu überwinden.

In der zweiten Phase können wir entdecken, daß es tatsächlich gelingt, sich der emporziehenden Energie anzuvertrauen, daß wir dabei in Bewegung kommen, mit wehendem Rock und unruhig erwartungsvollen Flügeln, in denen schon der Wind unserer neuen Lebensdynamik spielt. Überrascht sind wir, absprungbereit in ein Neues hinein. In der dritten Phase, in der, nach dem übenden Gebrauch, die Flügel schon voll ausgebildet sind, glückt uns vielleicht streckenweise schon ein ruhiges Voranschreiten und Hinaufsteigen, der Höhe des „Engelsfelsens" entgegen, der Plattform, von der auch uns einst der Absprung aus unserer Erdenschwere gelingen mag, eine Erfahrung von Transzendenz? Jede der Phasen ist bei dieser Zeichnung ernstgenommen: so mögen uns auch die Anfangs- und Zwischenphasen schon wertvoll sein, wert, ganz durchlebt zu werden!

Engel der Krise

Würde des Amtes

Relativ spät im Jahr 1939 muß die Zeichnung „Würde des Amtes" entstanden sein. Klee setzt sich offenbar immer mehr mit dem „Engel des Werdens", der in ihm selber wird, auseinander, mit dessen Ernst, mit dessen Mühen um ihn, mit dessen transzendentem Auftrag, ihn, Paul Klee, zu transformieren. Unter diesem Eindruck gestaltet er ein Wesen, das von seinen Flügeln, seinem Engelauftrag also, fast erdrückt ist. Oder hat er sich wirklich „aufgeplustert", um „seine Bedeutung zu demonstrieren", wie eine Beobachterin es sieht?[9] Ich spüre mehr die Last solcher Flügel. Klein sind die Beine und Füße, die wacker nach rechts, nach vorwärts schreiten – die Rechtsrichtung wird auch durch die obere Flügelspitze betont, die in die rechte obere Ecke weist –, riesig sind die Flügel aufgespannt, die dieser Engel wohl vorne übereinander gezogen hat wie einen Mantel, aus dem er kaum mehr herausschauen kann. Stark und zielstrebig ist allerdings sein Hals, aus dem sich der Kopf erhebt, das Gesicht, aus dem vor allem die Augen wachsam nach vorne blicken, frontal auf den Betrachter zu gerichtet, große Augen sind es, eigentlich Augenhöhlen. Blickt hier nicht auch der Todesengel hinter dem Vorhang hervor? In den letzten Monaten seines Schaffens, von Januar bis Mai 1940, gestaltet Klee seinen Todesengel bewußt mit ähnlichen Augenhöhlen.

[9] Hedwig Hoelscher in einer Symbolarbeit am C. G. Jung-Institut Zürich

Würde des Amtes

Gehört es zur „Würde des Amtes“, daß dieser Engel den Zeichner Klee in seiner Todesahnung begleitet, bestätigt, ihn vorbereitet und in dieser Vorbereitung ihn wandelt? Klees Engel scheint von Anfang auch der Todesengel zu sein, der ihm und dem er mit so viel Freimut, Offenheit und oft auch, erstaunlich oft, mit gelassener, gelöster Heiterkeit begegnet. Diesmal aber ist die Ausstrahlung des Engels auf mich und andere, mit denen ich die Zeichnung betrachtet habe, anders, düsterer: Etwas Beengtes und Bedrängendes geht von dieser Gestalt aus. Zangenartig umschließen die Flügel auch den Engel selbst, auch er ist in der Zange seines Auftrags. Die leicht gebogene Linie, die etwa von der Knieregion des Engels bis zu seiner Schulterhöhe reicht, bricht jählings ab und hängt wie geknickt nach unten. Auch diese Linie mag etwas schmerzlich Abbrechendes andeuten. Es ist wohl doch der Todesengel, der, gleichsam selber stöhnend und bedrückt von der „Würde des Amtes“, mit Klee und mit uns allen geht, denen er sein memento mori nahe zu bringen hat. Er kann uns erschrecken, aber auch aufwecken, zum Wesentlichen unseres Lebens zu kommen, das wir unbedingt gelebt haben wollen, ehe wir sterben. Ohne den inneren Todesengel, der uns – als eine verhüllte Gestalt unseres tieferen Selbst – zu uns selber aufschreckt, hätte unser Leben nicht das Gefälle, die dynamische Strömung, die es hat und die uns einem inneren Ziel annähert, in den unser Lebensstrom einmünden möchte wie ins Meer.

Paul Klee imaginierte und zeichnete im letzten Jahr seines Lebens die Serie seiner Engelbilder als Botschaft, daß ein innerer Engel des Werdens in uns sei und in uns wirke.

Meine Freundin Ingeborg, eine Batikkünstlerin, spielte im letzten Jahr ihres Lebens alle Farben des Spektrums in ihrer charakteristischen Ausstrahlung durch, indem sie eine jede von ihnen zum Thema eines besonderen Bildes machte. So ist es im künstlerischen Ausdruck möglich, sein

Leben abzurunden. Es ist aber auch im Bereich der Beziehungen, des Berufes oder der persönlichen Entwicklung möglich, zu solcher Abrundung zu kommen, im Sinne des Wortes: „Es ist nicht nötig, viel zu haben, sondern viel zu sein" (Erich Fromm).

Krise eines Engels

Die „Krise eines Engels“ wiederum, ebenfalls aus dem Jahr 1939, wirkt auf den ersten Blick so, als sei das Gebilde aus schützenden Flügeln wie ein Zelt zusammengeklappt. Der Engel kann nur noch den hier wieder viel zu groß geratenen Kopf herausstrecken: Von schräg unten herauf blicken die Augen, rechts und links der übergroßen Nase. Das Kinn, die Wange wiederum recken sich nach oben. Die Flügelspitzen vermögen diesen Engel nicht mehr zu überragen oder gar zu tragen.

Auch der Kopf liegt fast waagrecht, ist sogar nach rückwärts hinunter gezogen, als wäre das Wesen, zu dem er gehört, rückwärts von einem Stuhl gestürzt. Sehr menschlich ist dieser Engel, ist die hier in die Krise geratene, ja zusammengebrochene Engelhoffnung, ja „Engelwerdung“ Paul Klees.

Sehr genau ist hier wieder die Strichführung, die diese „Engelskrise“ als Prozeß miterleben läßt, zu erkennen und nachzuvollziehen.

Die Kopflinie beginnt unter der Nase, macht am Kinn einen spitzen Winkel, umrundet den Kopf und kommt unten wieder an dem zugespitzten Kinn an; sie führt von da an noch tiefer und verbindet sich mit den etwas verknäulten Linien, die eine eigentümliche Form am Hals des Engels umreißen, eine (Narren)Glocke, einen Schlips?

Alle zentralen Linien dieser Zeichnung, die den Körper mit den Flügeln umreißen, steigen auf, um anschließend schroff abzufallen, ja abzustürzen. Starker Seegang mit hohen Wellenbogen und -tälern herrscht in dieser Lineatur. Der zweite Flügel rechts ist so geschrumpft, daß er wie ein tragikomisches Käppchen auf dem Kopf mit den schielenden, wie vom Sturz benommenen Augen sitzt.

Es ist auf den ersten Blick grotesk, auf den zweiten aber doch tragisch eindrucksvoll, mit welcher schonungslosen,

Krise eines Engels

unsentimentalen Selbstironie und dennoch leidenschaftlich authentischen Expression Paul Klee die Krisen der „Engel-Werdung" im Jahr vor seinem Tod beschreibt.

Eine Krise, wie sie der hier gezeigte Engel erleidet, kann eigentlich nur unsere eigene „Engelhoffnung" erleiden, die Hoffnung auf den werdenden Engel in uns selbst. Sie kann uns heimsuchen, wenn wir vielleicht doch zu geradlinig mit der Entwicklung dieses Engelwesens in uns oder gar unserer „Engelwerdung" gerechnet haben. Wenn wir ein bißchen zu inflationär in unseren Engelvorstellungen geworden sind: Dann mag es sein, daß unser Engelbild wie Klees unter seinen Flügeln zusammenklappt oder wie rückwärts vom Stuhl fällt. Es ginge demgegenüber darum, dem gewaltigen Wellengang dieser Hoffnung auf Engelwerdung durch all ihre Hochs und Tiefs hindurch zu folgen, wie Klee ihr ja durch seine Linienführung gefolgt ist. Wenn wir wie Klee zu Selbstkritik und Selbstironie bei all unseren engelartigen Flug- und Segelversuchen bereit sind und dennoch die Engelhoffnung immer wieder aufnehmen, wenn sie uns verloren zu gehen droht, dann wird auch bei uns die „Krise eines Engels" gewiß nicht das letzte Wort haben.

altkluger Engel

altkluger Engel

Der „Altkluge Engel“ hat einen Kinderkopf zwischen etwas ungelenken, eckigen Flügeln: Und er schaut sehr ernst, wissend und großäugig aus deren Schutz heraus. Mit dem „synchronen Blick“, wie ich Klees Erfindung zweier gegensätzlich blickender Augen einmal nennen will, von denen das eine dann oben, das andere nach unten schaut, äugt er in die Richtung nach links, aus der erfahrungsgemäß immer wieder das Unbewußte, Unbekannte, auch Unheimliche hereindringt und sich im Bild symbolisiert. Durch die Waagrechte, die unterhalb der Augen durchs Gesicht dieses Engelwesens gezogen ist, kann der Eindruck entstehen, als habe es sich eine Kappe, einen Helm übergestülpt und blicke aus brillenartigen Augenöffnungen ebenso „altklug“ wie auch etwas angstvoll dem Kommenden entgegen. Der „altkluge Engel“ erinnert mich in seiner Intention an den späteren „Angelus militans“, nur hat er noch nicht das Zeug dazu, wirklich kämpferisch aufzutreten. Er ist noch kein Engel Michael, sondern wirkt eher wie ein entschlossener, aber kindlicher Rollerfahrer unter der Deckung seines Schutzhelms.

Man könnte schon in Gefahr kommen, „altklug“ zu wirken, wenn es einem mit kindlichen Allmachtsphantasien darum ginge, ein Engel zu werden. Da brauchte man schon einen Schutzhelm, damit einem das unbekannte Transzendente nicht auf den Kopf fiele. So kindlich stürmisch kommen wir da wohl nicht voran: Da wäre der „synchrone Blick“ schon eine bessere Voraussetzung, den wir vielleicht angesichts von Klees Engeln auch selber üben können, den Blick zweier Augen, von denen das eine nach unten, auf den Boden, zu den irdischen Geschehnissen blickt und sie genau wahrnimmt, während das andere zugleich nach oben späht und Orientierung am Transzendenten sucht, so weit dies möglich ist, in aller Vorsicht, Umsicht und der Vorläufigkeit all solcher Suchbewegungen bewußt.

mehr Vogel

mehr Vogel

Die Zeichnung von 1939 stellt für meinen Blick eine der merkwürdigsten, ja komischsten unter den engelähnlichen Gestalten Paul Klees dar. Mehr als Vogel denn als Engel ist also auch in seinen Augen dieser Ansatz zu einer Engelgestalt geraten, so zeigt seine Titelgebung für diese Zeichnung. Und es kommt wohl daher, daß der Oberkörper hier ganz kurz geraten ist und der Kopf mit den geknickten Flügeln fast direkt auf den Füßen aufsitzt, fast wie beim Kopffüßler der Kinder, der eine bestimmte Entwicklungsphase charakterisiert. Auch ist er viel zu breit geworden im Verhältnis zu seiner Größe! Der Hauptausdruck dieser tragikomischen Gestalt ist für mich in den geknickten Flügeln symbolisiert. Dieses Engelmodell ist zusammengesackt, hat sich irgendwo gestoßen, ist gegen eine Scheibe geprallt, hat sich die Flügel gebrochen, ist herabgestürzt. Die Flügel, die die Sehnsucht nach oben ausdrücken, und deren Spitzen, gerade auch bei Klee, sonst immer nach oben weisen, sind abgeknickt, die Spitzen weisen jetzt steil nach unten, und an den Schultern, aus denen sie ausragen könnten, ist jetzt die plane Waagrechte, der die Flügel fehlen, geradezu betont. Auch das Gesicht dieses „mehr Vogel“ als Engels drückt mit seinen schweren niederhängenden Augenlidern Niedergeschlagenheit überhaupt aus, Resignation, bei einem nach links gedrehten Kopf. Ein Nichtmehr-Wollen, aber vielleicht auch ein Ungeschehen-machen-Wollen, drückt sich hier aus, wie Kinder es gerne hätten, wenn sie sich schämen, etwas gewagt zu haben, das schief gegangen ist, zum Beispiel den Versuch zu fliegen oder wie ein Vogel, gar wie ein Engel zu sein. Kinder erfüllt solch ein mißglückter Versuch, bei dem sie zu hoch hinaus gewollt und sich überschätzt haben, oft mit ganz großer Scham. Aber ist es bei uns Erwachsenen anders? Ist es für uns nicht fast noch schlimmer?

An diesem Bild erleben wir mit, wie er selbst mit seinen, für ihn immer wieder unzulänglichen, mißglückenden Versuchen der „Engelwerdung“ umging: mit Scham und mit Humor zugleich und letztlich doch mit mehr Humor als Scham. Das hier entstandene, kläglich dastehende Vogelwesen – mit eingeklappten Flügeln – ist vor allem auch umwerfend komisch. Und so betrachtet Klee seine eigenen Flugversuche und Bruchlandungen als möglicher künftiger Engel: mit sehr viel Humor, mit der Fähigkeit, Abstand zu nehmen und – nicht ohne Sympathie – über sich selber, den unverdrossen Übenden, zu lächeln. „Warum haben die Engel Flügel“, läßt Chesterton in einem seiner Romane fragen: „Weil sie sich leicht nehmen“, lautet die Antwort.

Wenn wir das auch von uns sagen könnten, nachdem die Tränen über die jeweiligen Abstürze ehrlich geweint worden sind – denn das darf und soll sein –, dann wären wir auf der gleichen Wellenlänge wie Chesterton, wie Klee und vielleicht unser innerer „Engel des Werdens“ auch. Dazu gehört aber auch, daß wir uns selber aufrichtig anschauen können und auch dann die Empathie mit uns selber behalten, wenn wir uns in unseren eigenen Augen – mit einem lachenden und einem weinenden Auge – mehr zum Vogel als zum Engel geraten wären: Im Augenblick wäre das dann so, gewiß nicht für immer. Aber vielleicht müßte dann unser mehr zum Vogel geratener Engel zunächst einmal in eine Heilbehandlung gelangen, zur Schienung seiner gebrochenen Flügel? Es wäre dann wichtig, bewußt etwas für „den Engel in uns“ zu tun!

hässlicher Engel

Klees „hässlicher Engel", ein Brustbild nur, wirkt wie eingezwickt zwischen seine ebenfalls schmal zusammengedrückten Flügelspitzen, die wie Lanzen zu beiden Seiten seines nach links gebogenen Kopfes stehen. Mit beiden Seiten des Kopfes stößt er an sie an. Wieder versucht Klee, durch seine Strichführung das Gesicht im Profil und frontal zugleich zu zeigen, vielleicht um Hin- und Herbewegungen des Kopfes anzudeuten, die aber hier, dem engen Rahmen zwischen den Flügelspitzen eingepaßt, immer wieder an diese anstoßen wie an zwei Lanzen. Steil wachsen die Flügelspitzen empor. Es ist, als ob dieser Kopf, so heftig er sich auch bewegte, dieser Einengung, die im Zusammenhang mit seiner „Engelwerdung" steht, nicht entginge. Seltsam zusammengedrückt wirken auch die ohnedies schmalen Schultern dieses Wesens, das eigentlich mehr wie ein weibliches wirkt. Doch könnten es auch die Schulterblätter des Rückens sein – der Körper wäre dann von hinten gesehen –, die hier erste Ansätze zu Flügelchen zeigen. Aus diesen Schulterblättern – die wir einmal annehmen – wüchsen dann die schmalen, lanzettförmigen Flügel empor. Dies alles ist noch unproportioniert, wirkt eher häßlich, wie manchmal die noch unproportionierten Körperformen eines Pubertierenden erscheinen. Von daher rührt wohl Klees Benennung der Zeichnung als „hässlicher Engel". Man könnte diesen Engel, von dem nur der Oberkörper, die Büste also, dargestellt ist, auch so auffassen, als ob aus den schmalen Schultern heraus, die die Schultergelenke enthalten, die Arme steil emporgerissen würden und sich in Flügelspitzen verwandelten. Etwas fast Gewaltsames, fast Verrenktes haftet der Gestalt, unter diesem Blickwinkel gesehen, an. Als hätte eine höhere Macht sich ihrer bemächtigt, ihr die Richtung nach oben aufgezwungen, die sie noch einklemmt und

hässlicher Engel

die ihr fast unnatürlich erscheint. Verwundert, vielleicht ein bißchen erschrocken, blicken die Augen. Es ist wohl nicht abwegig, bei dieser verrenkten Gestalt auch an die biblische Gestalt des Jakob zu denken, der sich bei dem Kampf mit dem Engel eine Hüfte ausgerenkt hatte und der doch nicht abließ von diesem Engel, bis er den Segen bekam: „Ich lasse dich nicht", sagte er bekanntlich zu dem Engel, der ihn schon loslassen und verschonen wollte: „Du segnest mich denn!"

Ob auch wir solche Situationen kennen, wo uns die Arme wie hochgerissen werden, einem Engel entgegen, ob wir wollen oder nicht? Es kann solche Situationen geben, wenn wir selbst oder einer unserer nächsten Menschen die Diagnose einer gefährlichen Krankheit bekommen, wenn wir einen schweren Verlust erleiden durch Trennung oder Tod. Es mag sein, daß uns ein solcher Schock unmittelbar danach derart verwirrt und verbiegt, daß wir uns selbst zunächst nicht mehr wiedererkennen und uns nur noch „häßlich" vorkommen. Und doch mag es ein unumgehbares Stadium sein, den unser „Engel des Werdens" uns auferlegt. Vielleicht begreifen wir dann, daß es ihm festzuhalten gilt, auch wenn er uns die Arme hochreißt und verrenkt, um daraus Flügel zu machen, ihn festzuhalten, bis er uns segnet. Dann sind wir gewiß, daß es uns zum besten ausschlagen wird, was auch immer uns geschehen ist. Vielleicht um dies auszudrücken, hat Klee seinem „hässlichen Engel" auch noch so etwas wie ein Krönchen aufgesetzt, ein Krönchen, das zunächst fast albern oder kitschig wirken mag: ein dreifach gedrehtes Gebilde, das aber diesen „hässlichen Engel" auf dem Weg zu seiner Entwicklung, seiner Vollendung zeigt, würdigt, auch wenn dieser Weg durch ein häßliches Stadium hindurch führte.

ohne Titel (Engel hält mit beiden Händen den Kopf)

Engel hält mit beiden Händen den Kopf

Diese Bleistiftzeichnung auf Papier aus dem späteren Jahr 1939 schließt formal in der Strichführung und Formgestaltung an den „hässlichen Engel“ an. Auch hier haben wir die Gestalt wieder nur bis zur Brust vor uns. Doch ist dieser Engel nun unendlich traurig geworden. Seine steilen Flügelspitzen sind abgeknickt, sind wie zu Eselsohren geworden. Schilt er sich womöglich in diesem Moment einen „Dummen Esel“ in all seiner Engelsehnsucht? Wie der Blick eines bedrückten, niedergeschlagenen Kätzchens kann einen dieser Blick aus den großen schräggestellten Augen anmuten, deren eine Pupille einen senkrechten, die andere einen waagrechten Schlitz bilden. Wach und schlafend zugleich erscheint dieses Wesen, das wieder etwas Weibliches an sich hat, wie das busenartige Gebilde in Brusthöhe andeutet, das ebenfalls nach unten hängt, gemäß dem Ausdruck dieser ganzen Gestalt. Eine ernste Niederlage im Prozeß der Engelwerdung muß dieses Wesen erlitten haben, eine von vielen, wie es uns Paul Klee in seinen Zeichnungen dieses Jahres bekennt. Es ist vielleicht auch beispielhaft, wie er diese Niederlage hinnimmt: Er übergeht sie nicht schamhaft, sondern dokumentiert sie, hält sie der Gestaltung für wert. Indem er sie aber gestaltet, kommt er bereits aus der niedergeschlagenen Passivität des bloßen Selbstmitleids, der „Opferrolle“ heraus und erlebt sich im Umgang mit der Niederlage wieder als kreativ. Natürlich kommt als entscheidendes Faktum noch dazu, wie er diese Niederlage gestaltet: mit Melancholie gewiß, aber nie ohne Mitgefühl, ohne Empathie für sich selbst und gerade dadurch mit wohltuendem Abstand; mit einem wehmütigen Lächeln schließlich, ja mit Humor. Die wie Eselsohren abgeknickten Flügelspitzen stellen eine skurrile Idee dar, die zum Schmunzeln anregt. Eselsohren sind auch Merkzeichen:

Merk dir, was du da erlebst in deiner „Engelwerdung", so heißt es. Da ist aber noch etwas, was wir noch nicht bedacht haben: An der Stelle des Kopfes, wo ein Ohr sitzen müßte, zeigt sich in der Tat ein ohrenähnliches Gebilde, mit einem s-förmigen Zeichen, das eine Ohrmuschel oder auch ein Fragezeichen andeuten könnte.

Hörend, fragend, sucht dieser nachdenkliche niedergeschlagene Engel – in Klee – etwas zu erlauschen, was er vielleicht erst angesichts einer Niederlage zu hören bekommt und aufnehmen kann. Auch seine Augen sind die eines nach innen blickenden, eines nach innen lauschenden Wesens. So zeigt uns dieser Engel Möglichkeiten, mit eigenen Niederlagen, Unzulänglichkeiten umzugehen, vor allem im Blick auf den Engel in uns selber. Es wäre unsere Fähigkeit, in uns hineinzublicken, in uns hineinzuhören, ob sich nicht etwas vernehmen läßt, das unsere momentane Niederlage zu deuten vermag und uns die nächsten Schritte anzeigt: Vielleicht kann es ein Traum sein, eine Imagination, oder auch ein eigener Versuch, diese Erfahrung zu zeichnen.

Engel im Boot

Irgendwie verwandt mit der Formgebung der Zeichnung „Koketter Engel mit Locken" ist die später im Jahr entstandene Zeichnung „Engel im Boot". Doch wirkt der „Engel im Boot" viel seriöser, ja vornehmer. Auch er hat gut ausgeformte Beine, auch er den mit schwungvoller Linie gezeichneten Haarschopf: Doch ist nun der ganze Engel nach rechts gewandt, in die symbolische Richtung der Zukunft, einer Hoffnung in der Außenwelt. Auch wenn seine Augen unter den schweren Augenlidern niedergeschlagen sind und wohl wieder mehr nach innen blicken, so hebt er doch freudig die Flügelspitzen, wie wenn einer die Arme hebt, und geht mit seinen Füßen dorthin voran. Weit kann er allerdings nicht kommen, denn er befindet sich in einem Boot, einer tiefen kurzen Wanne vielmehr, die ihm bis an die Schenkel reicht. Darunter ist durch eine Wellenlinie das Wasser angedeutet, auf dem dieses Boot mit dem Engel schaukelt. Diese Wellenlinien sind allerdings winzig im Vergleich zum Engel samt dem Boot: Deutet das an, daß die Gefahr klein wird, wenn der Engel auftaucht? Daß das gefährliche Element in seiner Bedrohlichkeit schrumpft? Wanne und Engel allerdings bilden eine Einheit – durch die beiden Spitzen des Bootes angedeutet –, die sich gleichsinnig wie die Flügelspitzen des Engels nach oben heben, ihr Schwung nach oben ist nur nicht ganz so weich wie der, den die Flügel auslösen. Ein optimistischer Engel scheint dies im Moment zu sein, den Klee da „im Boot" hat, vergleicht man ihn mit dem düsteren Fährmann, der auf der späteren Zeichnung des gleichen Jahres, „Kranker im Boot", den bereits Liegenden übersetzt. Hier hat Paul Klee noch Hoffnung im Boot, dort die Ahnung des Endes, ein Ahnen, daß es um die letzte Überfahrt geht. Das Schiffssymbol enthält auf jeden Fall das Bild einer Fahrt auf dem Lebensstrom, vielleicht so-

Engel im Boot

gar auf dem Meer, und es gibt gute Vorzeichen für solch eine Fahrt, zum Beispiel wenn das altchinesische Schicksalsorakel I-Ging so manches Mal dem Orientierungssuchenden die Weisung gibt: „Günstig ist es, über das große Wasser zu fahren." Immer dann, wenn das Bootsymbol auftaucht, sei es im Traum, in der Imagination, in der schöpferischen Gestaltung wie hier, geht es um einen Lebensübergang über den großen symbolischen Strom des Unbewußten oder gar über das Meer, das auch das kollektive Unbewußte symbolisiert, das, was im überpersönlichen Bereich, in einer Zeitströmung zum Beispiel, sich für alle ausdrücken kann. Das Boot bedeutet dabei immer das Tragende, das uns über dieses mächtige Wasser überzusetzen vermag. Das Boot trägt uns von unten her, trägt uns über die Tiefe hinweg, während der Engel uns auch von der Höhe her und in die Höhe zu tragen weiß. Zugleich ist er mit seinen beiden Flügeln wie ein Doppelsegel im Boot. Ist nun diese symbolische Figuration, die Engel und Boot in einem ist, nicht das Symbol für ein zweifach Tragendes, das von unten und über dem Unten, über den Abgrund trägt, als hätte der Engel auch auf der Höhe seiner Hüfte und seines Beckens noch zusätzliche Flügel bekommen und das zugleich mit Engelkraft, den Wind im Rücken und das Flügelsegel voraus, nach vorwärts und nach oben trägt?

Es ist die Hoffnungskraft, diese Engelskraft, die Klee bei aller geahnten Bedrohung durch dieses Jahr 1939 trug, es wurde eines seiner reichsten Schaffensjahre – so wie sie auch uns, und wären wir auch wie damals Klee von einer gefährlichen Krankheit oder einer anderen Gefahr bedroht, auffangen kann von unten und von oben her. Klee blieb in den Augen seiner Frau und seiner Freunde, die davon berichten, zum Beispiel Will Grohmann, trotz seiner Krankheit in diesem Jahr erstaunlich gelassen, oft heiter.

„Von allen Seiten umgibst du mich“ (Psalm 139,5). Dieses Psalmwort könnte auch vor dieser Zeichnung Paul Klees meditiert werden. Wenn es nicht ein Engel wäre, könnte dieses Miniboot angesichts der großen Gestalt, die ihm innewohnt, womöglich kentern. So sagt unser Verstand und unsere Erfahrung mit Menschen in Booten, die nicht so schwer sein dürfen im Verhältnis zur Größe des Bootes. Doch dieses Boot wird von den Engelflügeln wie angehoben, es bekommt ja selber Flügelspitzen. Vor unseren Augen ist diese gewagte Komposition im Gleichgewicht. Klee hat hier in der Tat einen „Engel im Boot“. Was würde es für uns selber bedeuten, einen „Engel im Boot“ zu haben? Hieße es auch für uns, daß da eine Verbindung zu unserem innersten Selbst bestünde, für das der Engel ja auch stehen kann, und daß das Wissen um diese Verbindung zu unserer innersten Kraft die äußeren Wogen unseres Schicksals weniger bedrohlich erscheinen, ja, sie als weniger gefährlich erleben ließe? Sie werden auf einmal befahrbar, auch wenn sie zuvor himmelhoch erschienen. Das kommt durch die Sicherheit der Steuerung, die mit dem „Engel im Boot“ und dem Bezug zu meinem innersten Selbst gegeben ist. Seine ausgespannten Flügel ermöglichen auch, den Fahrtwind meines Lebens optimal zu nutzen, entweder „hart am Wind“ zu segeln oder „gegen den Wind“ zu kreuzen – was immer dies in meiner momentanen Lebenslage bedeuten mag.

Wie die Verbindung zu einer höheren oder auch tieferen Kraft, die mein kleines Ich transzendiert, ein übergroßes Problem auf normale Maße zurückschrumpfen lassen kann, erlebte ich einmal in einem Wochenende, an dem ich mit einer Meditationsgruppe lernte und übte, den Atem ganz tief einzuholen und danach beim Ausatmen noch tiefer loszulassen. Die Entspannung, die Gelöstheit, die Ruhe, das tiefe Beisichsein, das hierdurch zustande kam, ließ das

Problem, das zuvor riesenhaft vor mir gestanden hatte, immer kleiner werden. Schließlich erschien es mir bewältigbar – und das war es auch.

Da hatte ich vielleicht „den Engel im Boot".

Osanna

Osanna

Dieser jubelnde „Osanna" beziehungsweise „Hosiannah" rufende Engel gehört eng – wie die Signatur besagt – mit der Entstehung der eben besprochenen Zeichnung zusammen, zählt zu einer Serie von hoffnungsvoll gestimmten Engeln, die in der Gestaltung eines ausdrücklich so benannten „Engels voller Hoffnung" mündet. Dieser Engel „Osanna", auf breit gegrätschten Beinen stehend – auf „gutem Stand" – ist wie zum ersten Mal mit dem Oberkörper hoch aufgerichtet, ebenso mit den steil aufgestellten Flügeln, die ihn umgeben wie Tulpenblätter ihre Blüten.

Der Körper, aus dessen Hüft- und Beckenraum die Flügel aufsprießen, erhebt sich aus dem Schwung dreifach einsetzender Bogenlinien, aus deren dritter sich schließlich die Hand grüßend und winkend noch über den Kopf hinaus emporstreckt.

Auch dieser Körper wirkt wie gedreht: sind hier Leib und Bauch, Brust und Arm nach links gewendet, so der Kopf nach rechts. Diesem Gesicht ist statt der Nase eine leicht gebogene Querlinie unterhalb der Augen eingezeichnet: eine Linie, die die beiden großen runden Augen, den Blick, betont, der nach rechts vorne geht. Dem völlig waagrechten, fest geschlossen wirkenden Mund merkt man die Anstrengung noch an, die die Aufrichtung gekostet haben mag. Auch dem rechten Bein und Fuß spürt man sie ab: sind sie doch in einer Stellung, als habe der Engel soeben mit diesem einen Bein eine hohe Stufe erstiegen, während das andere noch viel tiefer unten steht. Wo es steht, läßt sich nur vermuten, Klee hat es bei einer Andeutung belassen und läßt die beiden Linien, die das Bein umreißen, offen am unteren Bildrand enden.

Dieser Engel hat etwas vollbracht, eine Stufe genommen, wie seine Haltung zeigt, was große Anstrengung gekostet hat und noch kostet. Er befindet sich in einem labilen, fragilen Gleichgewicht und pendelt sich aus zwischen den Richtungen rechts und links, Auswärts- und Einwärts-, Vorwärts- und Rückwärtsbewegung.

Klee ist in Gestalt seines Engels aus der linken unteren Ecke des Unbewußten, auch der Regression, emporgestiegen; seine Hand weist zur rechten oberen Ecke, der symbolischen Ecke der Transzendenz empor: wo auf diesem Blatt auch die Signatur „Klee“ steht. Ein Hinweis auf Transzendenzerfahrung ist hier mitgegeben, ebenso wie mit dem biblischen Freuden- und Dankensruf „Osanna“, den der geschlossene Mund dieses Engels aber nicht singt, sondern der in seiner Haltung zum Ausdruck kommen soll.

Der Kopf dieses Engels steckt übrigens entweder wie der eines Verwundeten in einem Verband, was wiederum von vergangenem Kampf spräche, oder – was bei seinem israelischen Hosanna-Ruf auch einen Sinn ergäbe – wie der eines Wüstenbewohners unter Stirnreif und Fez.

Wenn eine Stufe bewältigt, eine neue Ebene erreicht ist, sollten auch wir nicht versäumen, „Hosianna“ zu rufen, nämlich: die neue Stufe, die neue Freiheit, die wir erreicht haben – oft bei widrigsten Umständen doch! – zu bedenken, zu bedanken und zu feiern. Dieses Feiern vermag uns zu stärken, uns unserer selbst zu vergewissern, und es strahlt aus wie ein Licht auf unsere künftige Wegstrecke. Immer wieder gilt es, sich von Überlebtem und Überstandenem wirklich zu verabschieden, auch wenn wir vielleicht aus einer weiterbestehenden Behinderung, einer Krankheit, einem inneren oder auch äußeren Leiden nicht ausbrechen können: überholte Einstellungen zu diesem Leiden können wir dennoch loslassen und erfahren, wie es sich dann neu und anders lebt, auch mit dem Leiden!

statt Beinen Flügel

Auch hier wird eine komplizierte Metamorphose geschildert. Vom Gehen zum Schweben hin, vom Laufen zum Fliegen hin – samt der entsprechenden symbolischen Implikationen. Viele weitere Engel Klees büßen gleichsam die Beine zugunsten der Flügel ein, die Gehwerkzeuge zugunsten der Flugwerkzeuge!

Hier sind die Füße zwar noch deutlich sichtbar – nach rechts und links weit auseinander gestellt, wie um viel Halt zu bieten –, aber sie sind schon nicht mehr organisch mit dem Körper verbunden, der die Transformation zum Engelwesen vollzieht. Zwischen dem Fuß beziehungsweise dem Bein und dem Körper schießen hier vielmehr die Flügel empor. Die kommende Flugfähigkeit schneidet so möglicherweise die Gehfähigkeit ab. Der Torso eines menschlichen Körpers ist noch in etwa aus der Lineatur zwischen den Flügeln zu erahnen, doch wirken die Konturen und Perspektiven hier seltsam verdreht und verfremdet. Auch dieser Torso spitzt sich nach oben hin zu, wie um einen dritten Engelsflügel zu bilden, der sich zugleich in die Kinn- oder Halsgegend des quer gelegten Kopfes bohrt, der dadurch seltsam verformt und wie von einem spitzen Keil durchschnitten erscheint. Wird der bisherige „Kopf", das bisherige „Bewußtsein" von Klees Prozeß der „Engelwerdung" geradezu gespalten oder direkt zerschnitten? Anders gefragt: Findet in ihm angesichts des Werdeprozesses seines inneren Engels womöglich eine starke und konfliktreiche Bewußtseinsveränderung statt?

Hierzu fällt mir das schmerzliche Geschick einer Freundin ein, deren Leben dem Tanz gehörte, dem meditativen Tanz, und die durch eine Gehirnblutung ihre Gehfähigkeit verlor, von der Tanzfähigkeit ganz zu schweigen. In der in-

statt Beinen Flügel

neren Verarbeitung dieses herben Geschehens, zu der sie allerdings auch Begegnungen und Gespräche mit ihrem Engel zählte, fand sie schließlich trotz vieler Rückschläge zu einer inneren Gelassenheit, einem immer wieder aufblitzenden Humor auch, der sie in gewisser Weise über ihre gelähmte Erdenschwere erhob und sie zu einer wohltuenden Gesprächspartnerin machte, bei der man viel lernen konnte über den Umgang mit einem Geschick, das andere vielleicht zur Verzweiflung gebracht hätte. Ihr waren in der Tat „statt Beinen Flügel" gewachsen. Tief bewegt hat mich vor allem, wie sie sich in der Kathedrale von Chartres, wohin uns eine gemeinsame Gruppenreise führte, aus dem Rollstuhl erhob und, gestützt auf einen Stab, sorgsam und mühsam die Windungen des Labyrinths am Boden der Kirche abwanderte, als ertastete sie ihren weiteren Lebensweg. Dabei war ihr Gesicht sehr lebendig, leuchtete unter dem Bemühen und der Zuversicht, diesem Weg Sinn und Bedeutsamkeit abzugewinnen. In diesen Schritten hatte sie gleichsam „statt Beinen Flügel". Ob es auch uns, auch mir gelänge, bei einem ähnlich schweren Lebensübergang – sei er durch Alter, Krankheit oder Arbeitsverlust bedingt – eine ähnlich unsentimentale, gelassene und zuweilen sogar gelöste Einstellung zu finden? Angesichts von Klees Engel „statt Beinen Flügel" wage ich, mir das zu wünschen, auch wenn ich die schmerzhafte Schärfe nicht übersehe, mit der dort der Flügel das Gesicht durchschneidet.

Angelus militans

Angelus militans

Bei dem „Angelus militans“ von 1939, dem kämpfenden Engel – eine Vorstellung aus der alten kirchlichen Engellehre, die vor allem den Erzengel Michael betraf –, kann ich nicht recht feststellen, in welche Richtung der kämpfende Engel blickt, in welche Richtung er kämpft. Ich verfolge zunächst die Richtung nach links, genauer nach links unten, wo in diesem Bild auch die Signatur „Klee“ steht, wie vor das schildähnliche Gebilde hingesetzt, das aus den aufgefalteten Flügeln des Engels zu bestehen scheint. Der Kopf mit den Augen würde dann über diesen Flügelschild hinauslugen, ja hinausspähen. Der Querstrich, der sonst bei Klee den Mund anzudeuten pflegt, säße hier dann allerdings am Hinterkopf. Es ist hier ein Pfeil, der nach oben weist; der Kopf wäre also auch umgekehrt zu sehen, und der Mund schriee nach oben!

Ein Engel wäre dies, der – wie es die Rechtswendung symbolisch ausdrückt – ins Kommende späht, vielleicht sogar ins kollektive Unbewußte, in dem sich in dieser Zeit Gefährliches abspielt, die Flügel sind dabei aufgefaltet wie zu einem Schutzschild gegen möglicherweise auftauchende und anrennende Ungeheuer, eine Anspielung an das biblische Bildwort, das vom Schutz und Schirm der göttlichen Flügel spricht, unter denen der vertrauende Mensch sicher zu wohnen vermag. Die Signatur „Klee“ – und damit auch der Mensch Paul Klee? – duckt sich hier unter diesen aufgefalteten Flügelschutz des für ihn kämpfenden Engels. Die Bewegung des aufgeklappten Flügelschildes geht aber zugleich nach oben und nach rechts in die Zukunftsrichtung, wie Richtungspfeile, die an den Spitzen des Schildes angebracht sind, deutlich anzeigen. Nach links abschirmend, stößt dieser Engel nach rechts und nach oben vor!

Mag es auch für uns einen Engel geben, der für uns kämpft, der militant für uns einsteht? Wir brauchen solch einen Engel, wenn Ungeheuer aus unserem persönlichen Unbewußten –, aus der Geschichte unserer Familie oder gar aus dem kollektiven Unbewußten, aus der Geschichte unseres Volkes beispielsweise, aufstiegen und uns zu überwältigen drohten. Aus der Geschichte unserer Familie kann es das unbewältigte Problem einer uns ablehnenden Mutter, eines uns ignorierenden Vaters sein, eines eifersüchtigen Geschwisterkindes, ein Verlassenheitsproblem, das sich plötzlich, noch einmal, turmhoch aufbläht und uns am Kontakt mit dem Engel um uns und in uns hindert. Es mag das Problem eines negativen Selbstbildes sein, eines geringen Selbstwertgefühls, das wir uns dadurch geholt haben, daß uns die Eltern oder die Geschwister nicht liebevoll genug gespiegelt haben. Solch eine Grunderfahrung sitzt tief und verhindert oft auch spätere positive Erfahrungen. Können wir an einen Engel in uns glauben, wenn solche Erfahrungsmuster aus dem Unbewußten zwischen ihn und uns treten? Hier müßte unser Engel selbst auftreten und militant für uns eintreten.

Vielleicht ist es nicht von ungefähr, daß Klees „Angelus militans" sowohl nach links – zur Seite des Unbewußten – wie auch nach rechts – zur Seite des Bewußtseins hin – kampfbereit, verteidigungsbereit erscheint. Der Zweifel, ob uns ein Engel zusteht und ob er gar für uns einsteht, kann nämlich sowohl aus dem unbewußten wie aus dem bewußten Erleben, eben aus unserer Mühe, Vertrauen zu fassen, entspringen. „Angelus militans" steht darüber hinaus wie der Engel Michael gegen die aggressiv gefährlichen Kräfte, die beispielsweise aus dem kollektiven Unbewußten unseres Volkes aufsteigen konnten, wie z. B. die Anfälligkeit für die NS-Ideologie und die daraus entspringenden Verbrechen, er steht dagegen auf, indem er ihnen militant entgegentritt, indem er uns nach vorn und nach oben zieht.

Belastung-Probe

Gegen Ende der Engelserie des Jahres 1939 entstand die Zeichnung „Belastung-Probe“. Ein Wesen ist es, dessen Beine einknicken, das keinen Boden mehr unter den Füßen hat, statt dessen von einer Unmenge von Engelflügelspitzen, die sich in seinem Leib aufhalten, beansprucht ist. Zu alledem hat es noch ein Gewicht auf den Kopf gelegt bekommen, das es mühsam zu balancieren sucht, wie seine Augen mit dem charakteristischen Blick nach innen auszudrücken scheinen. Die Belastung stellt wohl einerseits dieser längliche Gegenstand dar, der waagrecht auf den Kopf gelegt ist – womöglich ist es ein Stein –, andererseits aber dieses asymmetrische Aufsprießen von Flügeln mit Flügelspitzen, vor allem rechts im Bild, also auf der linken, der Herzseite des Wesens, während auf der gegenüberliegenden Seite, links im Bild, nur ein einziger Flügel aufragt, der fast wie ein Schild gegen die linke Seite – das andrängende Unbewußte – gerichtet ist. Die Herzseite wiederum ist bedrängt von mehreren Formelementen, die wie Bretter quer liegen und die dem Engel quer durch Brust und Leib dringen, um sich an den Enden zu Spitzen aufzubiegen, die wir – entsprechend Klees Formensprache – ebenfalls als werdende Engelsflügel zu entziffern gelernt haben. Für das Auge des Betrachters und gewiß auch für das des Gestalters haben sie jedoch etwas Stechendes, Schmerzendes an sich und drücken wohl auch körperliche Schmerzen aus, die der Künstler zu der Zeit zu ertragen hat. Diese Spitzen fächern sich auf, überlagern sich, eine von ihnen stößt sogar nach unten. Kommt sie dem Sexualbereich nahe und ist damit zugleich eine schöpferische Spitze, erzeugt sie womöglich einen schmerzhaften schöpferischen Stoß? Ich habe schon erwähnt, daß Klee in diesem Schicksalsjahr 1939 unter Schmerzen und Einengungen durch seine Krankheit, die Sklerodermie, und wohl auch

Belastung-Probe

unter Todesahnung, auch wenn die Lebenshoffnung immer wieder durchbricht, ein so reiches Werk geschaffen hat wie in anderen Jahren nicht. Gewiß dominieren die Zeichnungen gegenüber den farbigen Kompositionen, doch ist das Werk dieses Jahres nicht nur in der faktischen Zahl der gestalteten Blätter reich, sondern auch reich an künstlerischen, bildnerischen Innovationen, formalen Einfällen und, nicht zuletzt, an thematisch-inhaltlichem Tiefgang. Der Engel in ihm tritt in Erscheinung, leidet in ihm und mit ihm, bis seine eigene „Engelwerdung" beginnt, mit dem schmerzhaften Wachstum der Flügelspitzen an allen Seiten des Körpers: Klee mag seine Schmerzen an allen Stellen des Körpers, die die Krankheit befiel – Schmerzen und Behinderungen bei jeder Bewegung –, auf einer neuen Ebene als das schmerzhafte Wachstum von Engelflügelspitzen interpretiert haben. Seine Engelwerdung schreitet fort, je mehr die Krankheit ihm zusetzt. Dazu paßt, daß eine Betrachterin dieser Zeichnung zu dem beschwerenden Gegenstand auf dem Haupt des Engelwesens, das dieses auszubalancieren sucht, spontan einen Heiligenschein assoziierte.

Wäre es demgegenüber wohl auch eine Möglichkeit für uns selber, Schmerzen und Bedrängnisse auf ein Wachstum des Engelwesens in uns zu beziehen, das, wenn auch unter Schmerzen, seine Flügelspitzen ausknospen spürt und seine künftige Flugfähigkeit ahnt? Unsere Flugfähigkeit: Das wäre dann auch unsere Fähigkeit, uns über die Erdenschwere, die Niedergedrücktheit zu erheben, leicht zu werden und eine Ahnung von Transzendenz in unserem Leben zu erfahren. Könnte es sein, daß gerade der Druck, die Last, die uns aufs Haupt gelegt ist – und sei sie auch als physischer Kopfschmerz fühlbar – den Energiestoß auslöst, der unsere Organe ihre Antennen, ihre Sonden ausfahren läßt, den werdenden Engel in uns zu erspüren?

Engel des alten Testamentes

Engel des Trostes

Engel des alten Testamentes

Warum stellt diese Bleistiftzeichnung für Klee einen „Engel des Alten Testamentes“ dar, so möchte man vor dieser Zeichnung fragen, die eigentlich nur ein Gesicht mit ausdrucksvollem Mund und zwei Flügelarme wiedergibt? Vielleicht ist eben dies nach Klees Sicht charakteristisch für Engel des Alten Testaments: daß sie vor allem aus Antlitz, Mund und Flügeln bestehen? Aber was würde das bedeuten? Welche Art von Wesen wären sie dann? Vielleicht wären sie schauende, sprechende aus der Transzendenz heraus nahende Wesen, Boten, die ganz darin aufgehen, Übermittler einer höheren Sphäre zu sein. Falls dies zutrifft, welchen Ausdruck hat Klee für diesen Engelboten des Alten Testaments gefunden?

Da ist ein großes Antlitz entstanden, mit wenigen großzügigen Strichen umrissen und in diesem Antlitz dominiert vor allem der Mund. Keiner unter Klees Engeln hat einen so stark ausgeführten und betonten Mund. Ein sprechender Engel also dürfte dies sein, ein Vermittler von Botschaften, ganz so wie die Vorstellung des Alten Testaments vom Engel tatsächlich ist. Auch die Augen des Engels sind sprechend, ernst, dem Hörenden zugewandt, auch wenn sie zugleich wie nach innen blicken, als ob sie von da her ihre Botschaft schöpften. Die relativ schmalen Flügelarme – klein im Vergleich zum Gesicht – sind wie gestikulierend erhoben, unterstreichen den Gestus des Sprechens, der diesem Wesen eigen ist. Hinzu kommt die Figuration eines Himmelskörpers, das dreieckige Segment einer Ganzheit – einer Trinität? – die über dem „Engel des alten Testaments" steht, dem er also untergeordnet ist, womit noch einmal angedeutet sein mag, daß sich dieser Engel im Dienst eines Höheren begreift. Seine eigenen Arme bzw. Flügel sind demgegenüber noch merkwürdig rudimentär. Ist es die Situation im Prozeß der Engelwerdung, in dem sich ein Mensch unter höheren Auftrag stellt, aber selbst sich noch merkwürdig unfähig und unfertig dazu fühlt?

Dies wäre ein Engel, der zu uns spricht, in höherem Auftrag, zum Beispiel wie in der Bibel: „Tröstet mein Volk" (Jesaja, 40,1) oder auch „Mache dich auf, werde licht!" (Jesaja, 60,1) Es gibt solche Engelworte, die uns mitten im Alltag treffen können, wenn wir verdüstert oder trostlos sind, die uns aber auch aufrütteln können, damit wir selber zu Boten werden, etwas weiter sagen, was wir erfahren haben: „Siehe, ich verkündige euch große Freude!" (Lukas 2,10) – oder aber auch ein kritisches Wort in unsere Beziehungen, unsere Umwelt, ja in unsere Politik hinein. Solche „Engelworte" können Worte der Tradition, der Bibel oder auch der Weisheitsschriften anderer Völker und Religionen sein, die plötzlich in uns „zu brennen" beginnen, wie es von den beiden Jüngern, die nach Jesu Tod nach Emmaus wanderten, gesagt ist, als ein unbekannter innerer Begleiter zu ihnen sprach: „Brannte nicht unser Herz in uns, als er mit uns redete auf dem Wege?" (Lukas 24,31) Engel des Alten Testaments, der Hebräischen Bibel also, sind die Engel, die in Jakobs Traum auf der Himmesleiter auf und nieder steigen, um Jakobs träumende Seele mit Transzendenz zu verbinden, dazu gehört der Engel, der Flußgeist also, der mit Jakob rang, bei dessen großem Lebensübergang am Flusse Jabbok, und ihm den Segen gab; das ist der Engel, der Jesaia zum Propheten berief, indem er ihm mit ei-

ner glühenden Kohle die Lippen reinigte. Ganz Ohr, ganz Mund sind die Engel, für den göttlichen Auftrag, der uns aus der Tradition begegnet, aber vor allem heute, wenn sie uns – nicht im eigenen Namen, sondern in dem unseres transzendenten Selbst – vielleicht Botschaften zukommen lassen. „Engel des Alten Testaments" sind keine „werdenden" mehr, sondern transzendent gewordene Engel.

befruchtet

befruchtet

Auch die Bleistiftzeichnung „befruchtet" ist unzweifelhaft ein Engelbild, wenn man die nun schon vertraute Formensprache dieser Zeichnungen beachtet, die immer wenigstens zwei, wenn nicht mehrere Flügelspitzen enthalten. Hier nun „küßt" ein Gesicht, das dem Flügel links im Bild entspringt, einen großen Körper, eine Form, die aus dem Leib zwischen den beiden Flügeln entsteht: Groß und plump erscheint diese Form zunächst. Das tut der Zärtlichkeit des schöpferisch schwangeren Engels zu ihr keinen Abbruch. Es ist der schöpferische Engel in dem Künstler Paul Klee, der diese Form küßt: vielmehr ist es der Engel oder die Engelin – mutet die Gestalt nicht weiblich an? –, in die er einbeschlossen ist, die ihn umfaßt und die hier unverhältnismäßig viel größer ist als er selbst. Sein menschliches Ich will er wohl eher mit dem Strichmännlein andeuten, das knieend dem Leib dieses befruchteten Engels einwohnt.

Es gehört zur bildnerischen Sprache Klees, daß er seinen Engeln die Füße verkürzt, verkleinert oder sie gar wegnimmt wie hier, zugunsten der Flügel, die über sie hinaus wachsen und sie empor tragen. Es ist ein stilles, friedvolles und geduldiges Bild, eine in sich geschlossene befruchtete Form, in die der Künstler als demütig hockendes und doch erwartungsvoll blickendes Strichmännchen sich selber einbezieht.

Dieses Bild regt uns zu der Vorstellung an, daß unser kleineres Ich von einem viel größeren Wesen, von unserem Engel, unserem Selbst umfaßt sein könnte, einem Wesen, das die eigentlich schöpferische, befruchtende Kraft in uns ist, die uns umgreift, der wir selbst mit unserem Ich wie ein kleineres Wesen, ein „Strichmännchen" oder „-weibchen" inne-

wohnen, in die wir einbeschlossen sind. Dieses größere Wesen, unser Engel, der Engel um uns, ist es auch, der das keimende Werk, die keimende Frucht in uns, so unförmig sie zunächst auch sein mag, zutiefst bejaht, begrüßt, ja sie küßt.

Wie oft fällt es unserem kleinen Ich schwer, die noch unförmige Gestalt unserer Entwicklung oder unseres Werkes zu akzeptieren, ja zu lieben. Auch hier gälte es, dies unserem Engel abzulauschen, abzuschauen: Das Werdende in uns ist in allen seinen Stadien, auch in den plumpen Anfangsstadien, etwas Liebenswertes, ein kleines Wunder, das geküßt werden möchte wie ein kleines Kind. Klein, aber in dieses Wunder einbeschlossen ist vielmehr unser Ich, das von seinem viel größeren Engel umfaßt ist, dem eigentlich Schöpferischen. Immer wenn wir uns auch schon an kleinen schöpferischen Entwicklungen in uns freuen können, sind wir mit diesem größeren Engel verbunden.

Engel voller Hoffnung

Wenige Blätter später zeichnet Klee einen „Engel voller hoffnung". Dieser Engel hat nun zum Unterschied vom vorigen die Augen weit geöffnet. Mit dem einen Auge blickt er den Betrachter an, mit dem anderen schaut er zuversichtlich nach vorn, nach rechts, in die Richtung der Zukunft. Der ganze Kopf, das Gesicht mit dem ruhigen offenen Ausdruck ist erhoben, als blicke es jemandem vertrauensvoll entgegen. Fast lächelt der sanft geschwungene Mund. Die kühne Bogenlinie, die eine hohe Braue und dann die Nase andeutet, gerät in die Waagrechte: Diese Waagrechte deutet bei Klees Gesichtern oft an, daß sie im Gleichgewicht, in Ruhe oder ganz an etwas hingegeben sind. Der Kopf stellt fast eine vollkommene Rundung dar – ein rundes Ganzes also –, das nur durch die weite Ausbuchtung, die das Haar, wohl in den Nacken hängend, bildet, nach unten ausgeweitet wird. So ist ein gewisses Gewicht, das das erhobene Gesicht zu überwinden hatte, ehe es sich erheben konnte, noch angedeutet und bleibt spürbar.

Dieses Gesicht nun – der Engel ist nur bis zum Flügelansatz an den Schultern dargestellt – ist rechts und links wie eingefaßt, wie eingebettet zwischen zwei schmale Flügel, deren einer das Kinn des Engels berührt. Doch könnten diese Flügel – von ihrer Proportion her zu schließen – die Gestalt, zu der dieser Kopf gehört, nicht tragen, sie sind jedoch wie feine Finger, Fingerzeige, Senkrechte jedenfalls, die nach oben weisen. Schmal sind sie noch, lanzettförmig: Doch sie flankieren dieses hoffnungsvolle Gesicht wie zwei Wächter, wie zwei Lanzen. Denn sie besagen, daß die Hoffnung auf die Engelwerdung nicht trügen wird, selbst wenn sich die Hoffnung auf manches menschliche Nahziel noch einmal zerschlüge.

Engel voller hoffnung

Kennen auch wir ihn, diesen „Engel voller Hoffnung"? Er ist in uns wirksam, wenn wir auch in solchen Lagen, in denen Hoffnung schwer fällt, den Kopf erheben und Zutrauen in eine Zukunft fassen, wobei das eine Auge wohl auf das Schwere hinunter gerichtet bleiben mag, das zweite aber doch nach vorne oder in uns hinein, wo, auch wenn kurzfristige und kurzatmige Erwartungen sich nicht erfüllen mögen, vielleicht doch immer deutlicher der Anschluß an unser größeres Selbst erfolgt – ein anderes Bild für den Engel in uns – auch wenn sich unserem kleineren Ich manches versagt.

Engel, übervoll

Engel, übervoll

Dieses Bild zeigt einen starken Engel, dessen Kopf, zur Seite gelegt, die Geste der völligen Hingabe vollzieht, wie sie Klee in seiner Zeichensprache ausdrückt. In das gegen die Schulter, vielmehr in den Engelsflügel hineingelegte Gesicht, kann das Licht von oben voll einfallen. Groß sind die Augen, die nach innen, aber auch auf den Betrachter zu blicken. Die Gestalt des Kopfes, von einem einzigen Bogenstrich, Pinselstrich umrissen, ist auf der oberen Seite zwischen Kinn und Ohrbereich offen belassen: Hier mag die Energie, die Weisung von oben her einströmen. Die Stirn mit den Augen ist ganz von dem Flügel – rechts im Bild – umfangen. Dieser Flügel wiederum mündet in die Schulter, die hier noch nicht gänzlich in dem Flügel aufgegangen ist, wie es bei der anderen Schulter der Fall ist, deren Flügelspitze sich schwungvoll, mit einer einzigen Linie gezogen, empor bis in die obere linke Ecke, die symbolische „Ewigkeitsecke" erhebt. In starken, klobigen, voneinander abgehobenen, einfachen Pinselstrichen ist ein offenes Gewand, eine lange Manteljacke angedeutet, die dem Engelwesen bis über die Knie reicht. Darunter setzen sich die Beine noch etwa bis zu den Waden hin fort. Eine voll ausgebildete Engelgestalt steht vor uns, dieser Engel ist nach Klees Vorstellungen vollendet, ist „übervoll" von dem, was von drüben her auf ihn einwirkt. Klee fand diesen Engel so wichtig, daß er ihn, nach einem Entwurf in Bleistift, dessen Spuren wir noch sehen, zum Beispiel am Hals und am Flügel der Gestalt, noch zu einem farbigen Bild umgestaltet hat.

Den Kopf auf die Schulter legen, so ablegen, daß wir ihn nicht selber tragen, hochstemmen müssen, ihn so „ablegen", daß er, selber gehalten, nach oben blicken kann: das wäre vielleicht die menschliche Geste, unter der Licht und

Weisung – Weisheit! – von oben her einströmen kann. Mit dieser Geste würden wir selber die Haltung des Engels nachvollziehen, mitvollziehen und träten damit vielleicht zugleich in das Energiefeld ein, in dem er steht und aus dem er seine Kraft schöpft.

Eine offene „Stelle am Kopf" zu behalten – symbolisch gesprochen – erschiene mir wichtig, gerade bei allem Wissen und allen weltbildhaft-weltanschaulichen Überzeugungen, die bei heutigem Wissensstand möglich sind, um geöffnet zu bleiben für das Nicht-Wißbare, das Unverfügbare und das Geheimnis, das wir „Transzendenz" nennen. Dieses Sich-leer-Halten ist nötig, um das Einströmen von „drüben" her möglich zu machen, von dem unser „Engel, übervoll" – auch dies ein möglicher Engel in uns! – bis über den Rand seines Fassungsvermögens hinaus erfüllt ist.

Welch eine Erfahrung, die Klee – und wir mit ihm? – hier an den Grenzen seines Lebens macht!

Engel vom Stern

In enger Nachbarschaft zu „Engel, übervoll“ wird „Engel vom Stern“ entstanden sein. Hier wurde eine Kohlevorzeichnung und Kleisterfarblavierung auf Japanpapier aufgetragen und sodann wie alle die Zeichnungen von 1939 auf Unterlagekarton aufgelegt. Durch die genäßte Zeichnung hat sich das vergilbte Blatt gefältelt und ähnelt nun dem Pergament einer mittelalterlichen Handschrift.

Der „Engel vom Stern“ gleicht dem „Engel, übervoll“ durch die Geste der Hingabe, den zur Seite gelegten Kopf, der vom Kinn bis zur Ohrpartie hin offen ist. Ob er besonders für das Licht des Sterns, für den Ton des Sterns geöffnet ist? Auch wenn das Ohr nicht eingezeichnet ist, stellt sich hier eine typische Hörgebärde dar. Die Augen blicken auch hier nach innen, doch scheint das rechte, das obere Auge einen Blick auf den Stern zu erhaschen, der als einfaches Zeichen über seinem Haupte steht. Das lichte Ocker des Papiers wirft fast einen Goldton auf sein Antlitz. Der sanft gebogene Mund deutet ein leichtes, weises Lächeln an. Im Unterschied zu „Engel, übervoll“ ruht das Haupt nicht im Flügel. Die Flügel sind überhaupt nicht direkt mit dem Körper verbunden, sondern umschweben ihn. Die beiden letztgenannten Engelbilder, der „Engel, übervoll“ wie der „Engel vom Stern“ sprechen wohl am zartesten und innigsten das aus, was Klee in seiner Engelerfahrung belebt, was ihn berührt. Der Engel in ihm verdichtet sich ins Sichtbare und bewirkt seine Transformation in einen Sehenden, Lauschenden, Hingegebenen an transzendente Kräfte. Diese Erfahrung bewirkt bei ihm das leise und vielleicht sehr weise Lächeln inmitten des schweren und schmerzhaften Wandlungsprozesses der Jahre 1939 und 1940.

Engel vom Stern

Ob auch uns beim Betrachten und vielleicht sogar Meditieren dieser beiden letzten Bilder etwas anrühren kann von der Transformationskraft des „Engels in uns“, der uns schauen und lauschen lehrt, in hingegebener Haltung, auf das, was wir erspüren und erhorchen mögen aus der Sphäre der Transzendenz, zu der auch der besondere Stern gehört, der über uns selbst und unserem Leben steht?

Dieser Engel schreitet unter dem zentralen Stern, der in der Mitte der Bildhöhe, direkt über seinem Haupt aufleuchtet: Bei Klee allerdings ist dieser Stern ein schlichtes Zeichen aus drei gekreuzten Strichen. Dennoch erinnert es zugleich an ein altes Christussymbol, ein Kreuzsymbol für den Gekreuzigten und Auferstandenen Christus, ähnlich wie das alte PX-Zeichen.

Das unter diesem Symbol waagrecht auf die Schulter geneigte Haupt könnte wie schon in der vorigen Zeichnung Hingabe, könnte Demut bezeugen. Es liegt ausgewogen zwischen den beiden Flügeln, die es tragen. Seine Augen – das eine wieder wie bei anderen Engelsbildern nach oben, das andere nach unten gerichtet – erschauen offenbar Himmel und Erde gleichzeitig, können beide Dimensionen synchronisieren.

Wie schwebend, so sagten wir, schreitet dieser Engel unter dem Stern. Hier vermögen die Flügel durchaus die Gestalt zu tragen, die nicht mehr so unproportioniert wirkt wie die früheren Engelsgestalten. Der spirituell gewordene Leib wird umfaßt von der weichen Rundung der beiden Armbögen. Nur die Füße sind so klein und wesenlos geworden, daß sie nichts als die Richtung angeben können, die jetzt gilt, diejenige nach rechts, die Richtung der Zukunft. Stabil in dieser Zeichnung ist nur der Fixstern über des Engels Haupt.

Die Richtung nach rechts unterscheidet sich markant von der Richtung nach links, in der der Engel des Jahres

1933, „der Künftige“, schritt, ins kollektive Unbewußte, Unbekannte, Unheimliche hinein. Obgleich der „Engel vom Stern“ an die christlichen Engelfiguren der Tradition erinnert, hebt er sich unübersehbar von ihnen ab und unterstreicht diese Unterschiedenheit noch.

Klees Engel sind keine überirdischen Wesen: „Eher manifestieren sich in ihnen Zustände, seelische Regungen, die das menschliche Dasein erfüllen und die seinen inneren Entwicklungsweg durchleuchten. So gibt es den ‚Engel im Werden‘, aber auch den ‚Engel voller Hoffnung‘. Neben den noch schalkhaften Wesen gibt es die hieratische Gestalt.“[10] Wenn also Klees Engel auch keine überirdischen Wesen sind, so sind sie doch Bild gewordene Antworten in Klees Seele und Geist auf den Anruf der Transzendenz, den das Wissen um sein nahes Lebensende für ihn bedeutet. Die Flügel sind an den Körper des „Engels vom Stern“ gar nicht mehr angesetzt, sondern umschweben ihn frei, wie eine geistige Präsenz, in deren Schutz er – der Engel und Paul Klee – nun „schwebend schreiten“ kann.

Durchluftet, durchlichtet ist dieser „Engel vom Stern“: Durchlässig können auch wir werden, hingegeben an das, was wir von „drüben“, von der Transzendenz erfahren oder von „unseres Schicksals Stern“ her, unserer Hoffnung Stern, der, wie ein Heilszeichen, ein Christuszeichen vielleicht, über uns steht. Wenn wir uns in dieser Durchlässigkeit erfahren, die ein inneres Wissen um unseren Weg und unser Wesen enthalten kann, dann mögen auch uns die Flügel einer geistigen Präsenz umschweben. Wir spüren es an dem angstfreien Gefühl, unter höherem Schutz zu stehen.

[10] Eva Stahn, Paul Klee, Stuttgart o.J., Text zu Tafel 17.

Das Wertpaket

Wie der Kampf Jakobs mit dem Engel, Hüfte an Hüfte, wie miteinander verschmolzen wirkt das Personenpaar – eingeritzt auf schwarzem Grund und mit weißer Temperafarbe nachgezogen –, das Klee offensichtlich ironisch als „Das Wertpaket" bezeichnet hat. Ist es Nacht auf diesem Bild, das wie ein Negativ wirkt? Der Flügel des einen, des rechts stehenden – vielleicht des Engels? –, hat sich dabei waagrecht wie ein Manteltuch über beide Gestalten gebreitet, versehen mit einem diagonalen Kreuz, gehalten von einer kräftigen Hand.

Von jedem der beiden, ineinander verschlungen, ist nur ein Auge zu sehen, zusammen haben sie schier nur ein Gesicht. Doch scheint mir der rechte der beiden fester auf seinen Füßen zu stehen, während der linke den rechten mit angewinkeltem Knie entweder rammt oder sich an ihn anlehnt. Wieso bezeichnet Klee dieses Bild der beiden Ringenden – wenn sie denn wirklich an Jakob und den Engel erinnern sollen – ausgerechnet so prosaisch als „Wertpaket"? Es wäre dann das miteinander verpackte, miteinander verschnürte Paket von Engel und Mensch gemeint, wobei der menschliche Teil unablässig um den Segen des Engelsteils ränge und an ihn gebunden bliebe, im Sinne des biblischen Wortes, das Jakob in den Mund gelegt ist: „Ich lasse dich nicht, du segnest mich denn."

Diesen „Wert", den möglichen Segen, enthielte dann das „Wertpaket", das die Doppelgestalt von Engel und Mensch beinhaltet, in Klees ironisch-verhaltener Darstellungsform.

Die Ruhe, die zugleich über dem Bild der beiden Ringenden liegt, deutet an, daß der Segen im Kommen ist, daß das Ringen in eine Umarmung mündet.

Ob wir nicht selber auch mit unserem inneren Engel zusammen eine Doppelgestalt bilden, die spannungsreich

das Wert-Paket

miteinander ringt und doch zusammen gehört, nicht voneinander läßt wie ein Zwillingspaar? Zu dieser Vorstellung kann uns Klees „Wertpaket“ anregen: Der Engel ginge uns an als Vertreter unseres inneren Selbst, und wir gingen ihn an als Vertreter unseres kleinen Ich, das den Segen des Größeren braucht, um über sich hinaus und vielleicht zuletzt in ihn hinein zu wachsen. Es käme darauf an, diesen Engel nicht loszulassen, vor allem bei großen Lebensübergängen nicht, wie der biblische Jakob ihn nicht losließ, selbst als der Engel ihn schonen wollte, der sah, daß der Ringkampf zwischen Engel und menschlichem Ich zuungunsten des Menschen ausgehen und ihm etwas brechen könnte. Jakob erwarb den Segen um den Preis einer verrenkten Hüfte. Er hinkte fortan, doch ging ihm die Sonne auf, und er bekam einen neuen Namen: den eines Gottes-Streiters, der den Streit gewonnen hat. Durch den Segen des Engelanteils in uns wird das unzertrennliche Zwillingspaar in uns befriedet: das „Wertpaket“ aus Engel und Mensch.

wachsamer Engel

wachsamer Engel

Der „wachsame Engel“ gehört zu den „hellwachen Botschaftern zwischen hier und drüben, übersinnlichen Wesen zwischen dem Menschen und dem Unbekannten. Sie erscheinen, wenn die Grenze sich öffnet, wenn die geistig-seelischen Aggregatzustände irrelevant werden“[12]. Engel gab es schon früher bei Klee: „Jetzt aber sind es keine Erfindung einfühlender Phantasie mehr, sondern Zeugen wie die Dämonen.“[13] Sie sind wachsame Zeugen seiner Transformation in diesem letzten Jahr vor seinem Tod. Ernstfeierlich ist diese Zeichnung, mit Reißfeder und weißer Tempera auf schwarzen Bildgrund gesetzt.

Etwas überaus Markantes, Unübersehbares ist in das undurchdringliche Schwarz – die Farbe des Endes und des Mutterschoßes zugleich – eingraviert, tritt aus ihm hervor als eine eigene Gestalt. Der erhobene Kopf mit den übergroßen Augenhöhlen erinnert an einen Totenschädel, also an den Tod, wohl auch an einen weit offenen Blick, der wie unter einer Maske hervordringt. Doch steht uns kein Gerippe gegenüber, sondern eine großlinige, großflächige, in sich geschlossene, von Flügeln flankierte Engelsgestalt. Als „wachsam“ hat Klee diese Gestalt bezeichnet, also hat er sie so empfunden und demgemäß geformt: wachsam im Dunkel.

Wachsam wirkt die frontale Darstellung der Gestalt, die uns, den Betrachtern, direkt gegenübersteht, gegenübertritt; wachsam die hoch aufgerichtete Figur, von zwei parallel verlaufenden Vertikalen gehalten; wachsam die aufgestellten, steil nach oben ragenden Flügel, von denen der eine (links im Bild) von tief unten her – aus der Zeugungsregion heraus? – aufsteigt, während der andere (rechts im Bild) aus der Schulter des Engels hervor zu wachsen scheint.

[12] Will Grohmann, a. a. O., S. 94

[13] ebd.

Aus einem anderen Blickwinkel betrachtet, könnte die Lineatur so anmuten, als säße auf der Schulter des Engels ein zweites Wesen – der Mensch Paul Klee? –, dessen beide Beine auf die Brust des Engels herabfallen, indes der Oberkörper sich in einen Flügel verwandelt. Wieder könnte es ein Engel-Mensch-Wesen in einem sein, ein Mensch, der von dem wachsamen Engelwesen – seinem größeren Selbst – getragen ist, das ihn umfängt und überwächst.

Wachsam verstärkend wirkt auch die Geste des linken Armes, mit dem der Engel, sein aufgerichtetes Haupt von hinten umfassend, seine Haltung bekräftigt. Eigentümlich gestaltet ist auch hier das ausgewogene Stehen dieser mächtigen Persönlichkeit, die anstatt von Beinen nur von zwei Stäben gehalten ist. Auch wirken sie wie Sonden in die Tiefe. Sie steht, sie ruht in sich selbst: Dies soll wohl dieser Ausdruck bildnerisch bekunden und unterstreichen.

Will Grohmann, der Freund Klees, rückt vor allem den „wachsamen Engel" in eine besondere Perspektive, wenn er schreibt: „Der Begriff des Werdens und Sich-Verwandelns wird auf der Stufe der Engel eschatologisch und weist über sich hinaus. ‚Engel, noch weiblich' (1939) und die übrigen noch unvollendeten weisen auf den stufenweisen Bildungs- und Verwandlungsprozeß alles Lebenden bis hin zum Unbeschreiblichen. Der ‚wachsame Engel' mit seinen weißen Konturen auf schwarzem Grund ist kein Wächter des Grabes, sondern das ‚wache Selbst'".[14] Es ist das wache, das erwachende Selbst angesichts des Todes, so möchte ich hinzufügen, das sich anschickt, das kleinere Ich des Menschen Paul Klee zu überwachsen und ihn in sich zu verwandeln.

Die Ahnung des Todes: Sie vermag zu erschrecken und zu erwecken. Erwecken mag sie die Fühlung hinüber zu dem

[14] Will Grohmann, a. a. O., S. 350

Engel, zu unserem eigentlichen Selbst, das ein Leben lang wachsam um uns ist. Hier in Paul Klees Zeichnung „wachsamer Engel" hat dieses Selbst, das über uns wacht und uns herausfordert, etwas Übermächtiges, dem wir nur mit der Ganzheit unserer Person antworten können und müssen. Dieses Selbst hat die Gestalt des Todes angenommen – die übergroßen Augenhöhlen verraten es –, vor dem unser kleines Ich vergeht. Vergeht es womöglich – wie immer geglaubt wurde, so lange es Menschen gibt – in das größere Selbst hinein, stirbt es ins Selbst hinein, geht es in ihm auf?

letzter Erdenschritt

letzter Erdenschritt

Ganz der Erde zugewandt und doch voll Sehnsucht nach „drüben“ ist das Engelwesen auf diesem Bild. Nach oben weist der Flügel, der zugleich auf die Signatur „Klee“ in der rechten oberen Ecke deutet. Nach unten weist der Blick.

Weit auseinander gespannt sind die beiden kleinen Beine und Füße – fast zerreißt es den kurzen Rock unter dieser Spannung – für den „letzten Erdenschritt“. Stürmisch wird er getan, mit Schwung, denn die Haare dieses Wesens, das ihn tut, flattern wie im Wind. Kann es der Maler gegen Ende des Jahres 1939 fast nicht mehr erwarten, diesen Schritt zu tun? Die Signierung weist auf eine relativ späte Phase in der Serie hin.

Hoch ist der Oberkörper über den unteren Körperteil hinausgewachsen: Groß ist der Kopf, der sich wie in Eile nach vorne beugt, aufmerksam spähend mit schräggestellten Augen, die an Katzenaugen erinnern. Sie suchen den Boden ab, den Weg, vielleicht im Dunkeln, und sehen im Dunkeln wie es Katzen tun? Wählt Klee dieses katzenhafte Wesen, um darin seine instinktive Körperlichkeit auszudrücken, die weiter sieht, weiter spürt im Dunkel seines Schicksals –, die auch das nahe Ende spürt – im Gegensatz zu seiner bewußten Person, früher als diese …?

Dieses Mal ist keines der Augen nach oben gerichtet. Nach vorwärts geht es, nach rechts, doch damit wohl zugleich auf ein Ende des Erdenschicksals zu, das ganz ausgeschritten werden soll. Lang ist der vorgebeugte Hals, der, die Schultern umgehend, direkt in den Flügel übergeht, der dann bis zur Kopfhöhe aufsteigt und diesmal an der Spitze abgerundet wirkt, wie auch der zweite Flügel.

Ob diese Flügel schon tragen könnten? Solange die Beine noch tragen, und seien sie noch so schwach wie auf diesem Bild, erscheint der Flug noch nicht möglich, ist noch nicht angesagt. Ein letzter Erdenschritt ist wohl noch zu tun. Und doch wirkt der Rock, an dem die Beine wie an die äußersten Enden angesetzt erscheinen, zugleich wie eine Rampe, von der aus der Absprung, der Abflug erfolgen kann. Das Engelwesen stünde dann, so betrachtet, wie ein aufgeregtes sprungbereites Tier auf der Rampe, das in diesem Fall die beiden Beine nahe zueinander stellt, um besondere Energie für den Absprung zu haben. Das Tierwesen in Klee, seine Körperlichkeit, stünde hier kurz vor der Wandlung zum Engel.

Eine stürmische Sehnsucht drückt sich in diesem Bild aus, den Erdenweg zu vollenden, um endlich den Engelflug zu erlernen.

Ob auch wir selber manchmal diese Sehnsucht kennen: und wie wir wohl mit ihr umgehen? Trotz allem Ernst liegt Humor über dieser Zeichnung, es ist erstaunlich, wie Klee diesen letzten Erdenschritt offenbar mit einem leisen Lächeln tun kann. Dieser Engel, der den letzten Erdenschritt beschleunigen möchte, wirkt zugleich kindlich mit seinem runden großäuigen Kopf und seiner stürmischen Gangart. Wer unter uns wünschte sich nicht manchmal, den „letzten Erdenschritt" beschleunigen zu können, auch, ihn frei, aus freien Stücken tun zu können, nicht erst, wenn körperliche Erschöpfung und Zerstörung uns zu Boden zwingen, sondern dann, wenn die Sehnsucht der Seele und des Geistes uns hinüberweisen in einen transzendenten Bereich. Wer kennte sie nicht, diese Sehnsucht, die eine Sehnsucht nach Freiheit ist – und fürchtete sich nicht doch vor der Mühsal und Qual des Sterbens, unter aller Ungewißheit, ob es ein transzendentes „Drüben" überhaupt gibt?

Paul Klee in seiner Zeichnung ermöglicht uns, die zuweilen stürmische Sehnsucht nach Transzendenz zuzulassen, sie nicht zu verdrängen, auch wenn sie uns manchmal so kindlich erschiene wie der Ausdruck im Gesicht dieses

„Engels" von Klee, der den „letzten Erdenschritt" tut. Kindlich oder nicht: Klee leitet uns an, diese Sehnsucht ernst und doch „leicht" zu nehmen, mit einem leisen Lächeln nämlich und einer Prise Humor über solchen fast jugendlichen Übermut, einen so ernsten und endgültigen Schritt tun zu wollen. Wie Klee können wir es unserem Engel überlassen, uns hierin vorauszugehen, zumindest: den ersten Schritt zu tun im Blick auf jenen „letzten Erdenschritt".

im Schreiten noch unerzogen

im Schreiten noch unerzogen

Viel erwachsener und mehr proportioniert als der Engel des „letzten Erdenschritts" wirkt der Engel, der „im Schreiten noch unerzogen" ist, auch wenn er bereits um 1940, in Klees Todesjahr also, entstanden ist. Er gleicht dem anderen durch die Weite des Ausschreitens, durch die klare Wendung des Schrittes und des Profils nach rechts, auf die Zukunftseite hin, was überrascht, denn es dürfte auch sein energisches Ausschreiten der Beendigung des Erdenweges gelten. Nach oben weist hier nur der spitze Flügel links hinter dem Kopf. Dynamisch, wenn auch ungelenk, wirkt sein „Schreiten" – welch feierlichen Ausdruck wählt Klee für sein Gehen hier – vor allem durch die würdevolle Schwere seiner Gewänder, bei denen sich Tuch um Tuch überlagert. Lange Gewänder sind es, die ihrerseits Flügelspitzen in sich tragen, als erwüchse dem Engel seine Flugkraft auch von innen her. Doch aus der Schulter links im Bild ragt ein steiler Flügel empor, während sich rechts die ganze Schulter zum Flügel aufwölbt, der wie zum Schutz vor das Gesicht gehoben ist. Entschlossen wirkt dieses Gesicht mit den großen Augenhöhlen, die ein wenig wie Eulenaugen, wie diejenigen eines Brillenträgers oder gar eines Totenkopfes wirken. Zudem ist der Hinterkopf des Wesens stark betont, wie mit einem starken, in den Nacken hängenden Haarteil versehen, der ihn gewichtiger scheinen läßt und nach links herunter zieht, nach rückwärts zieht. Obgleich er doch so betont nach vorne ausschreitet.

Wer ist dieses Wesen, das Würde ausstrahlt, Ernst, abgesehen von dem ungelenk ausladenden Schritt, mit den viel zu kleinen Füßen, die einen wieder zum Lächeln bringen möchten? Ist es, durch die Flügelspitzen ausgewiesen, nicht wieder der Engel in Paul Klee, der, mit dessen Todesahnung befaßt, das würdevolle Schreiten übt? Und dem trotz allem Ernst der Lage dieses Schreiten noch ein wenig komisch vorkommt, ungewohnt, noch zu wenig geübt. Dieser Engel ist eben, wie Klee es empfindet, „im Schreiten noch unerzogen". Und indem Klee diesen Titel wählt, kommt wieder Humor in ihm auf. So seltsam, zum Lachen und zum Weinen, ist ihm offenbar zumute, wenn er in sich selbst diesen Engelboten, diesen Todesboten auch, erkennt, der, seiner Würde noch ungewohnt, so unbeholfen steif und doch unaufhaltsam daherkommt. Was bedeutet es wohl, daß Klee hier seine Signatur direkt unter den vorderen, zum Schritt ausholenden Fuß des Engels gesetzt hat? Droht dieser Fuß, dieser Schritt, ihn zu treffen, in seiner bisherigen Identität, in seinem Dasein? Wenn er Schutz suchen wollte, wäre dies wohl nicht der richtige Ort. Aber vielleicht sucht er ja keinen Schutz mehr.

Wo suchen wir selber Schutz, wenn wir an die Begrenztheit unseres Lebens, unsere Sterblichkeit, vielleicht auf eine konkrete Todesangst oder gar Todesahnung stoßen? Vielleicht suchen wir diese Ahnungen, auch wenn sie letztlich Gewißheiten enthielten, zunächst einmal wieder wegzustoßen, wegzudrängen? Vielleicht auch berühren uns solche Ahnungen – gewollt oder ungewollt – wie etwas sehr Ernstes, ja Feierliches, das uns verlegen, beklommen macht. Sollte etwas so Absolutes auch mich betreffen, mich berühren? Fast geniert sich mancher unter uns Heutigen, Aufgeklärten, etwas so Feierliches wie den Tod mit sich selbst in Verbindung zu bringen, für sich selbst in Anspruch zu nehmen. Das lebenslange Zugehen auf den Tod: Wäre es nicht im Grunde ein feierlicher, unerbittlicher, liturgischer Gang: ein „Schreiten"? Und sind wir alle darin nicht mindestens so „unerzogen" wie Paul Klee und wie die Figur seiner Zeichnung?

Angesichts dieser Zeichnung allerdings könnten wir auch dieses mit einem leisen und fast getrösteten Lächeln hinnehmen: daß wir wohl alle „noch unerzogen“ sind im Blick auf das feierlich-festliche Schreiten auf das Ziel und Ende unseres Lebens zu.

III

Die letzten Engel

woher? wo? wohin?

Hoffnung auf Verwandlung

woher? wo? wohin?

Es ist die Frage nach einer grundsätzlichen Orientierungsmöglichkeit, die hier in Klees Todesjahr 1940 aufbricht. Der Titel ist vielsagend. Der Plural „Eidola“ verrät bereits, daß Klee hier mehrere mögliche Orientierungsbilder sieht – Idole? – schließlich hatte er eine ganze Werkgruppe im Jahr 1939 mit „Eidola“ bezeichnet.

Wieder erscheint mir dieses Bild wie das eines Engelwesens, diesmal mit eigentümlichen Flügeln, die wie Arme herabhängen, mit einem herabgesenkten Kopf, eines Engels, der ein zweites Geschöpf, ein in Linien und Richtungen zerrissenes Wesen an seine Brust nimmt oder sogar in seiner Brust trägt. Die Beine des Wesens schreiten nach rechts aus, wenn auch über dem Bodenlosen, während der Bauch- und Brustraum völlig aufgelöst erscheint, in gegenläufige Richtungen und Bewegungen zerrissen, die vor allem nach links hin immer in einem abblockenden Zeichen enden. Dabei blickt der Engelkopf ebenfalls dorthin, nach links, wo die Abblockung geschieht. Sollten wir hier, ähnlich wie in „Wertpaket“, ein Mischwesen aus Engels- und Menschenanteilen vor uns haben, hier schon mehr miteinander verwachsen als in der früheren Zeichnung, aber gleichsam noch stark miteinander ringend? Hier werden Wege, Bewegungen – nach links hin – abgeschnitten, blockiert. Die Linien, die durch senkrechte Striche abgeblockt sind, wirken so, als ende jeweils ein Gleis vor einem Prellbock. Es liegt nahe, auch hier eine Auseinandersetzung Klees mit dem nahen Tod zu vermuten. Es ist keine Frage mehr für ihn, daß sein irdischer Weg bald endet. Doch welche Transformation mag damit verbunden sein? Ob es die Transformation zum Engelwesen ist? Für diese Frage hält sich Klee, wie wir in der ganzen Folge seiner Engelbilder sehen, bewußt offen.

Die Frage nach unserem „Woher" stellt diese Zeichnung, gibt sie uns zur Erinnerung und zur Besinnung auf, dazu die Frage nach unserem „Wo", also wo wir jetzt, zum gegenwärtigen Zeitpunkt sind, wo wir uns orten und vorfinden, wie wir uns befinden. Und letztlich fragt Klee mit seiner Zeichnung sich selbst und uns nach dem „Wohin", wohin wir zu gehen gedenken, in nächster Zukunft und mit unserem Leben überhaupt. Höchst anspruchsvolle Fragen sind dies, komprimiert gestellt – eine Zeichnung, in der Mensch und Engel miteinander ringen, vielmehr, in der die Menschen- und Engelsanteile eines Menschen miteinander vermischt sind und nach einer gemeinsamen Gestalt und Gestaltung suchen, wobei der Menschenanteil immer der freie, spielende und widerstrebende, der Engelanteil der an Bestimmung gebundene sein dürfte. Fast scheint es also, als säße in Klees Zeichnung der Menschenanteil auf der Schulter des Engels, als sei er von diesem getragen. – Das „Wohin" aber gewinnt hier – und vielleicht eines Tages auch für uns – seinen Ernst aus der Einsicht, daß alle Wege in eine offene Zukunft „verrannt", blockiert sind, daß das Leben an diesem Punkt vielleicht keinen Spielraum mehr hat. Was dann?

In aller Zerrissenheit dieser aus Engeln- und Menschenanteilen vermischten Gestalt, die Klee in der Nähe seines Lebensendes zeichnet, gibt es nichts Besseres, als daß der schwankende Menschenanteil sich auf der Schulter des Engelanteils niederläßt, sich tragen läßt – also, daß er sich verläßt auf das, was der Engelanteil, der werdende Engel in ihm ahnt und spürt. Die sorgfältige Beobachtung und Wahrnehmung von Träumen könnte uns eine Hilfe dabei sein, die Stimme und Wegweisung des „Engels in uns“ – unseres innersten Selbst – zu erfahren und wahrzunehmen. Gerade wenn alle Wege nach außen, in die Selbstverwirklichung in der Außenwelt uns „verrannt“ sind, wie hier in der Zeichnung, kann uns nur die klare Kontaktaufnahme mit unserem inneren „Engel“, mit unserem tieferen „Selbst“, das an göttliche Weisung und Wirklichkeit angeschlossen ist, die Richtung zu einer stimmigen Orientierung weisen.

Walküre

Walküre

Diese Zulustift-Zeichnung umreißt eine der Wächtergestalten, die Klee in den letzten Monaten vor seinem Tod erfährt. Steil weist der Pfeil, der auch eine Lanze sein könnte, links im Bild nach oben – zur „Ewigkeitsecke" hin –, eine Vertikale, die das Bild von unten bis oben durchstößt.

Den Blickpunkt bildet die Konzentration von Schwarz, die bei dem Kontakt der erhobenen rechten Hand mit der Lanze entsteht, als sei da ein elektrischer Funke übergesprungen und habe die Hand an eben dieser Stelle verkohlt. Zur Linken – jetzt aber rechts in der Zeichnung! – trägt die „Walküre" einen schmalen Schild, als schirme sie die Außenwelt ab. Gemäß der bildnerischen Chiffrensprache Klees, die sich in dieser Spätzeit noch einmal neu herausformt, könnte dies ebensogut der Flügel eines Engels sein. So ist diese Walkürengestalt zugleich ein Schicksalsengel, eine kampfgewohnte Frau von übernatürlichen Kräften, mit behelmtem, halb bedeckten Antlitz, die sich dem Andrängenden im Schutz ihrer fünffach übereinander liegenden Gewänder stellt.
Die Zeichnung „Walküre" gehört zwischen die übrigen todesnahen Figurationen von 1940 wie „Finstere Botschaft", „Charon" und „Kranker im Boot", lauter Chiffren der Überfahrt.

Eine Grenzwächterin im Land zwischen Leben und Tod ist diese „Walküre", ein „Heldenweib" in Klees Seele. Ob die „Engel" für uns zu „Walküren" werden oder auch „Walküren" an ihre Seite bestellen, wenn es gilt, dem Tode wirklich ins Auge zu sehen? Wie für jeden Menschen mag es auch für uns selber darum gehen, etwas urtümlich Tapferes in unserer Seele zu mobilisieren, wenn der Tod naht. Als

„Walküre“ wäre dies dennoch eine weibliche Kraft, eine Kraft, von der Mutter „Leben“ verliehen, die auch das Leben eines jeden ihrer Menschenkinder verteidigt bis zuletzt, indem sie sich im Körper eines jeden heldenhaft gegen das Sterben wehrt, selbst wenn dieser Mensch den Tod gesucht hätte. Walküre ist die heroische Wächterin, die den Menschen vor dem Tode schützt, aber auch im Tode, wenn ihn das Schicksal, dem sie unterstellt ist, verhängt hätte. Sie ist eine Grenzwächterin zwischen Leben und Tod und Gebieterin über die Grenze, in ihrer Funktion dem Engel nahe, die uns begegnen mag, wenn wir uns anschicken – oder geschickt werden – diese Grenze zu überschreiten. Sie ist eine innerseelische Gestalt, die schon mit unseren Vorfahren war, ehe man die christlichen Engel kannte. Noch immer kann sie erscheinen, auch uns, wenn die Schicksalsstunde schlägt.

hoher Wächter

hoher Wächter

Das Bildnis des „hohen Wächters“ nun ist nicht mehr mit feinen oder auch breiten Bleistiftlinien, sondern mit schweren schwarzen Balkenstrichen gezeichnet, in welche farbigen Original Felder von Blau, Ocker und Braun eingefügt sind, so daß die schwarzen Balken wie die Bleistege zwischen den farbigen Fenstern alter Kathedralen wirken. Auch die Bezeichnung „hoher Wächter“ hat einen eindeutig feierlich-religiösen Klang. Hier ragt etwas auf, ist überwiegend in Vertikalen gestaltet – auch das Bild hat Hochformat –, was in der Tat einem gerüsteten Wächter gleicht, dessen Gesicht – bis auf die Augen – eigentümlich verborgen, verhüllt wirkt hinter dem hellen Blau, das von links oben herabkommt, aus der Bildzone, die bei bestimmten Zusammenhängen, wie vor allem der Todesnähe, immer wieder als symbolische „Ewigkeitsecke“ erscheinen kann. Was da hereindringt, farblich in lichterem Blau als im übrigen Bild, läßt nur einen Zipfel von sich sehen, muß ungleich umfassender sein, seine Konturen müßten außerhalb des Bildes liegen. Doch vermag es das Gesicht des Wächters zum Teil zu verdecken. Die Brustgegend des „hohen Wächters“ trägt wieder den „Stern“, der über dem „Engel vom Stern“ stand, und der aus drei sich kreuzenden Linien gebildet ist. Hier liegt das Diagonalkreuz deutlich, wie ein Durchstreichezeichen, über der Senkrechten. Zwei blattförmige Gebilde charakterisieren die Fläche: Das kleinere liegt wie eine Kappe auf dem Kopf des Wächters, das größere bildet seinen flügelartigen Arm, und beide wirken zugleich wie Teile einer Rüstung, wie Helm und Armschiene oder Schulterschutz. Der schwarze Kreis an dieser Stelle könnte außer seinem Aussagewert als reines Formelement – zugleich ein drehbares Scharnier andeuten. Hieratisch streng steht der Wächter da. Sein Gesicht wirkt, wenn ich den unteren Teil für sich nehme und den diagonalen kleinen Querstrich an der linken Unterecke als Mund, wie das entschlossene Antlitz eines Gewappneten. Eigentümlich ist, daß man das Gesicht auch mit dem oberen Teil zusammen, als zweiäugig Sichtbares betrachten kann, dessen Mund und Kinn dann aber durch das von oben hereinbrechende Unbekannte mit dem markanten Zeichen, das wie ein halber Kelch wirkt, verdeckt wäre. Verschließt ihm das Ungeheure, das hereinbricht, den Mund?

Der dickste schwarze Balken in diesem an dicken Balken reichen Bild liegt übrigens links unten, in der dunklen Zone des kollektiven Unbewußten, aus dem heraus er in das Bild hineinstößt. Er korrespondiert mit dem schwarzen Mond rechts oben im Bild, einem abnehmenden Mond, der das Gegengewicht bildet. Aus dem sich neigenden Leben des Menschen Paul Klee ragt dieser „hohe Wächter“ auf, der in eine andere Dimension hinein reicht.

Der „hohe Wächter“ trägt den Schicksalsstern nicht mehr über sich, sondern in der eigenen Brust, er ist eins mit ihm geworden. Dies ist kein „Werdender Engel“ mehr, nicht ein Engel in Klee, sondern ein Engel über Klee: ist sein hohes Selbst als Wächter über ihn, in den letzten Lebensmonaten um so mehr, als er gewiß schon immer um ihn war.

Welch eine schöne Vorstellung, in der uns Klee hier vergewissert, daß es einen solchen „hohen Wächter“ auch über unserem Leben geben könnte, durch den das „Ewige Licht“ über uns hereinbräche wie durch die farbigen Scheiben eines Kirchenfensters. In hellem Blau nähert sich der Himmel in der farbigen Originalfassung des Bildes dem Gesicht des „hohen Wächters“ an, dessen Mund, dessen Wort nun vielleicht in dem, was sich nähert, untergeht, aufgeht. Bewußt hat Klee diesen Engel aus schweren schwarzen Farbstegen, in denen sich farbiges Licht sammelt, gestaltet. Gedämpft zwar ist dieses Licht durch den Ernst der Stunde: aber es ist da.

„Das Ewige Licht geht da herein
gibt der Welt einen neuen Schein
es leucht wohl mitten in der Nacht
und uns des Lichtes Kinder macht."

So könnte, so möchte man vielleicht mit einem alten Adventslied vor diesem Bild singen, das nicht nur auf die letzte Lebensphase hin betrachtet werden kann, sondern im Blick auf solche Lebensphasen überhaupt, in denen uns ein Wächter-Engel vor den andringenden inneren und äußeren Gefahren not tut und gut tut. Durch seine hohe Gestalt verbindet er das Irdische mit dem Himmlischen, so wie es der Weltenbaum, die Weltenachse der Schamanen tat, in die sie emporstiegen, um Heil und Heilung von den Göttern zu den Menschen herab zu tragen.

Zweifelnder Engel

Zweifelnder Engel

Der „Zweifelnde Engel" ist der letzte aus Klees Engelserie. Er wurde mit schwarzer Pastellkreise auf Konzeptpapier entworfen. Schon dadurch, daß dieser Engel mit schwarzer Pastellkreide gezeichnet ist, bekommen seine Konturen breitere und zugleich weichere Umrisse, als wenn sie wie bei den meisten der bisher betrachteten Engelwesen mit dem dünneren und härteren Bleistift oder Zulustift gestaltet wären. Seine Konturen wirken wuchtiger und brüchiger zugleich als die der übrigen. Die Linienführung mit dem Kreidestrich ist lebendiger, vielfältiger. Relativ breit ist der Kreidestrich am Hinterkopf, der vom Schleier des Engelwesens gebildet wird, eine Linie, die das halb verhüllte Haupt umrundet, um dann, nach einem scharfen Knick in der Halsgegend, steil abzufallen und unterhalb der Brust im Leeren zu enden. Die andere Linie, die den Gesichtsausschnitt und die Stirn umreißt, ist brüchig geworden und läßt, weil die Kreide nur mit sehr leichtem Druck aufgesetzt wurde, die rauhe Struktur des Konzeptpapiers oder der darunter liegenden Kartonunterlage erkennen. Relativ oft im Vergleich zu früheren Zeichnungen setzt der Stift ab. Die Linienführung ist sicher in der Konturierung, aber nicht mehr so kraftvoll und gleichmäßig wie in den Zeichnungen zuvor. Die Sklerodermie mit ihren Versteifungen und Verhärtungen der Gewebe hat ihr Zerstörungswerk wohl auch an Klees sensiblen Malerhänden getan.

Einer Nonne ähnlich oder einem Kapuzenträger, halb verhüllt, das Ende des Schleiers oder Kopftuchs wie bei Sturm über Wange und Mund gezogen, so blickt dieser „Zweifelnde Engel" hinaus in das Unbekannte des Raumes links von ihm. Er gleicht dem „hohen Wächter", einer der letzten eindrucksvollen Farbkompositionen Klees. Der „Zweifelnde Engel" ist eindeutig nach links gewandt, sieht also dem von innen her Kommenden entgegen und dies vor allem mit dem schärfer kontruierten Auge links im Bild. Das andere Auge blickt, wie oft bei Klees Engeln, doch dieses Mal besonders eindringlich, den Betrachter und damit auch den Gestalter selber an. Indem die obere Umrandung und die Augenbrauen weggelassen sind, ruht die Pupille ruhig wie in einer offenen Schale. Dieses Auge blickt in Ruhe seinen Betrachter, seinen Gestalter an, das andere späht angespannt und sorgend nach dem aus, was aus dem Dunkel des Unbewußten herandrängt. Wachsam ist auch der eine Flügel, der vorne, etwa im Sonnengeflecht entspringt, an die Schulter des Engelwesens gelehnt, wie ein Schild zum Schutz oder auch fast wie ein breites Schwert, das die rechte Hand, vorn über den Leib gelegt, zum Abwehrschlag bereit hält.

Wer ist der Feind, wem gilt der Zweifel? Der Engel hat einerseits etwas vom Erzengel Michael an sich, der in den Westwerken der romanischen Kirchen dem herandringenden Dunkel, dem Sturmgewölk, mit seinem Lichtschwert entgegentritt oder, wie er an der Westküste des Atlantiks vielfach auf den vorgelagerten Inseln wie dem „Skellig Michael" vor Irland den Inseln der Seligen zugleich zugewandt ist; er hat andererseits etwas von einem Mönch oder einer Nonne an sich, die, konzentriert nur noch auf das eine ewige Ziel, alles andere hinter sich gelassen haben.

Woran aber zweifelt er? Zweifel steht im Gegensatz zum Glauben, zum Hoffen und hat demgemäß auch ein religiöses Assoziationfeld um sich. Woran zweifelt dieser Engel? Wenn es zugleich der Engel in Paul Klee ist, dann gilt sein Zweifel nun gewiß endgültig der Hoffnung, die Klee trotz Todesahnung lange noch durchgehalten hatte, der Hoffnung, daß seine Krankheit noch aufzuhalten, zumindest noch zu mildern sei. Dieser Engel in ihm scheint zu spüren, daß ihm nun nur noch wenig Lebenszeit verbleibt. Mit dieser Einsicht ist aber auch Klees schöpferische Kraft, die er bis dahin noch durchhalten konnte, im Kern getroffen. Die Gefahr, die Lebensgefahr kommt von links, das heißt, sie kommt nicht von außen, sondern von innen, aus der innersten Steuerung und Entelechie seines eigenen Organismus letztlich, also aus seinem Selbst. Sollte er an diesem Selbst zweifeln? Es geht um ein letztes Sichverständigen mit dem, was sein Selbst von ihm will. Wie unendlich schwierig das ist, wenn reale Lebensgefahr, reale Todesnot naht, zeigt selbst der Kampf Jesu, der gewiß mit seinem Engel verbunden war, und der doch zu seinem Gott aufstöhnte: „Wenn es möglich ist, so laß diesen Kelch an mir vorübergehen". Auch wenn ihm sein Kelch von den Häschern der Außenwelt gereicht wurde, nahm er ihn doch als das innerste Schicksal an, das ihm von größeren Händen als denen der Häscher gereicht wurde. Der „Zweifelnde Engel", der unsere Todesangst teilt, wie sein beunruhigtes Auge zeigt, sagt dennoch mit seinem ruhigen, auf das Zentrum der Person gerichteten Auge: „Doch nicht wie ich will, sondern wie du." Und dieses Du ist die transzendente Macht, die immer schon verbündet, verbunden ist mit unserem innersten Selbst. „Es entzieht sich dem Wissen und der Kunst der Ärzte, es ist vielmehr meine innerste Entelechie, wann ich an meiner Krankheit sterbe", so sagte mir kürzlich ein betroffener Mensch. Ähnlich mag es auch Klee empfunden haben und mit ihm sein „Zweifelnder Engel".

Engel, noch hässlich

Engel, noch hässlich

Vielleicht noch nach dem „Zweifelnden Engel“ mag „Engel, noch hässlich“ entstanden sein. Hier kommt in der Strichführung etwas hinzu, was noch bei keiner anderen dieser Zeichnungen vorgekommen ist. Der Strich nämlich wird unklar, setzt mehrfach an, wie es bei der Saumlinie des merkwürdigen Schurzes, den dieser Engel trägt, erkennbar ist, ebenso wie bei der Strichführung an seinem Kinn oder auch bei seinen Schuhsohlen. An diesen wenigen Stellen scheint es Klee – krankheitsbedingt? – einfach zu passieren, daß der Strich nicht gleich sitzt, hat er doch bisher zügig und ungemein sicher gezeichnet. An den übrigen Stellen fügt er nun offenbar absichtlich solche verunklarenden und struppigen Sticheleien den bereits bestehenden klaren Linien hinzu, wie beispielsweise der Außenlinie rechts im Bild, die von der Flügelspitze bis zum Fuß des Engelwesens reicht, oder auch der Zeichnung des Flügels links im Bild, schließlich sogar dem Auge, dessen Apfel zunächst völlig eindeutig durchgezeichnet war. Die Spuren solcher gelegentlichen Unsicherheit, einer leise zitternden Hand, solche gestrichelten Linien, fügt Klee nun absichtlich und nachträglich an vielen Stellen ins Bild ein, auch dort, wo er zunächst völlig sicher angesetzt hatte. Selbst dem Kinn, wo die Striche nun wie wild wachsende Barthaare wirken, liegt ein noch relativ klar gezeichneter Kinnbogen zugrunde. Dieser „Verhäßlichungsvorgang“ läßt den ganzen Engel schließlich struppig und widerborstig erscheinen. Am merkwürdigsten wirkt die Augenpartie an dem übergroßen Kopf: Beide Augen, das eine sehr groß, das nach vorne schaut, und das andere, recht klein, das von unten nach oben blickt, sind einem quadratischen Feld, das nach oben offen ist, eingezeichnet. Fast scheinen die beiden Augen einander anzublicken, anzuschielen. Augenbrauen und Wimpern sind eigentümlich mit den Augen verwachsen, alles kommt einem haarig und struppig vor. Daß der Kopf hier, wo die Augen sitzen, nach oben geöffnet ist, hat bei Klee gewiß eine Bedeutung. Hier kann bereits von oben her etwas einströmen – Licht? – in diesen schweren Schädel, der auf einem breiten, plumpen und kurzen Körper ruht, vor dessen Brust die rudimentären Hände eine fragend-klagende Geste machen. Merkwürdig ist der Rock, der Schurz, den dieser Engel über seiner Hose trägt. Auch dieser Schurz hat eine U-förmige Öffnung nach oben, die wie eine zusätzliche kleine Schürze wirkt, in die ein dickes Minuszeichen eingezeichnet ist. Eben dieses Minuszeichen verwandelt sich in Klees letzter farbiger Komposition, einem Stilleben – in welches die Zeichnung „Engel, noch hässlich" wie ein Bild im Bild eingefügt ist – in ein Pluszeichen, in ein Kreuz (s. S. 27). Dadurch mutet einen der „Engel, noch hässlich" innerhalb jener letzten Komposition positiv, fast wie eine zu Hilfe gerufene Rot-Kreuz-Schwester an. Hier steht er demnach noch unter einem negativen Vorzeichen, dieser Engel, der wenig später dort wieder positiv gesehen wird. Er ist ja auch „noch häßlich". Zwar tut er einen weit ausholenden Schritt, der jenem „letzten Erdenschritt" gleicht, den ein früher erschienener Engel vollzog. Auch ist die ganze Gestalt energisch nach rechts gewandt. Doch die Flügel, gerade derjenige zur rechten Seite hin, in die er ausschreitet, stehen so statisch da wie Wachtposten, als geböten sie Halt. Sehr energisch, klar, fast mit einer gewissen Schärfe des Ausdrucks, wie eine letzte Unterschrift, hat Klee seinen Namen unter das Bild gesetzt, unter die Zeichnung eines „noch" häßlichen Engels. Das „Noch" bereits sagt aus, daß er diese Häßlichkeit nicht behalten wird. Klee sieht weiter. Das Minuszeichen auf dem Schurz dieses „noch häßlichen" Engels deutet nichts Geringeres an, als daß seine, Klees, Lebenszeit nun zu Ende geht. Das Noch in Klees Namensgebung für diesen Engel deutet an, daß es ein „Nicht mehr" geben wird, ein „Nicht mehr" auch der entstellenden Häßlichkeit. Wird ein „schon" schöner Engel am Lebensende geahnt, der die durch die dialektische Art dieser Engelzeichnungen nur gelegentlich ahnbare Schönheit, die den Engeln eigentlich eigen ist, verwirklichen und verkörpern wird?

Wir stehen am Ende unserer Betrachtungen zu Klees Engeln, einer ganz besonderen Gattung unter diesen geheimnisvollen Wesen, wie wir sahen. Sie steigen aus Klees Innerem auf und begegnen ihm doch wie unverfügbare Gegenüber und wandeln ihn von innen her, während sein Äußeres dem Zerstörungsprozeß der Krankheit preisgegeben ist; wandeln ihn von innen her auf seine „Engel-Werdung" zu. Dieses Werden erfüllt ihn mit Scheu, mit Verlegenheit fast und einer sie abwehrenden Ironie, aber auch mit Staunen und vor allem: mit einer Heiterkeit, die in Gelassenheit mündet.

Dies ist es, was bei der Betrachtung von Klees Engelzeichnungen auf uns überspringen kann, wenn wir uns auf diese eigenartigen Gestaltungen einlassen: eine Gelöstheit und spielerische Freiheit auch angesichts von Themen von schicksalhaftem Gewicht wie es Krankheit, Todesgefahr und öffentliche Diffamierung des Lebenswerks allemal waren und sind. Paul Klees Gleichnis, an dem er uns in seinen Zeichnungen teilhaben läßt und teil gibt, ist angesichts solcher Grenzerfahrungen die Begegnung mit seinem Engel, auf den er sich wachsend zuentwickeln konnte. Vielleicht entdecken auch wir über seinen Zeichnungen, daß wir einen „Engel im Boot" haben?

Bildnachweise

S. 17
Engel im Werden, 1934, 204 (U 4)
Ölfarbe, mit dem Spachtel aufgetragen, auf Grundierung auf Leinwand auf Sperrholz
50,7 x 50,7 cm
Standort: Privatbesitz, Schweiz, Ref. Nr. 6742

S. 19
Vergesslicher Engel, 1939, 880 (VV 20)
Bleistift auf Papier mit Leimtupfen auf Karton
29,5 x 21 cm
Standort: Paul-Klee-Stiftung, Kunstmuseum Bern, Ref. Nr. 8586

S. 21
es weint, 1939, 959 (ZZ 19)
Bleistift auf Papier mit Leimtupfen auf Karton
29,5 x 21 cm
Standort: Paul-Klee-Stiftung, Kunstmuseum Bern, Ref. Nr. 8665

S. 23
Erzengel, 1938, 82 (G 2)
Öl- und Kleisterfarbe auf Baumwolle auf Jute auf Keilrahmen
100 x 65 cm
Standort: Städtische Galerie im Lenbachhaus, München, Dauerleihgabe der Gabriele Münter und Johannes Eichner-Stiftung, Ref. Nr. 7283

S. 26
Engel, noch weiblich, 1939, 1016 (CD 16)
Kreide auf Kleistergrundierung auf Papier auf Karton
41,7 x 29,4 cm
Standort: Paul-Klee-Stiftung, Kunstmuseum Bern, Ref. Nr. 8722

S. 27
ohne Titel, 1940
Öl auf Leinwand auf Keilrahmen
100 x 80,5 cm
Standort: Schenkung LK, Klee-Museum, Bern, Ref. Nr. 9386

S. 29
nach 1915/29, 1920, 91
Lithographie
1. Zustand; 19,6 x 14,5 cm
Standort: Paul-Klee-Stiftung, Kunstmuseum Bern, Ref. Nr. 2436

S. 30
der Künftige, 1933, 265 (Y 5)
Kleisterfarbe und Kohle auf Papier auf Karton
61,8 x 46 cm
Standort: Paul-Klee-Stiftung, Kunstmuseum Bern, Ref. Nr. 6311

S. 31
Schande, 1933, 15 (K 15)
Pinsel auf Papier mit Leimtupfen auf Karton
47,2 x 62,6 cm
Standort: Paul-Klee-Stiftung, Kunstmuseum Bern, Ref. Nr. 6060

S. 34
Angelus novus, 1920, 69
Bleistift auf Papier auf Karton
30 x 22 cm
Standort: Privatbesitz, Schweiz, Ref. Nr. 2414

S. 38
in Engelshut auf weiter Bahn, 1931, 58 (L 18)
Feder auf Papier mit Leimtupfen auf Karton
40,4 x 58 cm
Standort: Schenkung LK, Klee-Museum, Bern, Ref. Nr. 5463

S. 42
in Engelshut auf steilem Weg, 1931, 57 (L 17)
Feder auf Papier mit Leimtupfen auf Karton
56,7 x 43,7 / 44 cm
Standort: Paul-Klee-Stiftung, Kunstmuseum Bern, Ref. Nr. 5462

S. 44
Engel zu drei, 1939, 1138 (JK 18)
Kreide auf Papier auf Karton
29,7 x 20,8 cm
Standort: Privatbesitz, Schweiz, Ref. Nr. 8845

S. 48
ohne Titel, 1939
Kreide auf Konzeptpapier
29,5 x 21 cm
Standort: Schenkung LK, Klee-Museum, Bern, Ref. Nr. 8974

S. 58
Knieender Engel, 1939, 314 (W 14)
Bleistift auf Papier mit Leimtupfen auf Karton
29,7 x 20,9 cm
Standort: Paul-Klee-Stiftung, Kunstmuseum Bern, Ref. Nr. 8018

S. 60
Näherung Lucifer, 1939, 443 (D 3)
Bleistift auf Papier mit Leimtupfen auf Karton
29,7 x 20,9 cm
Standort: Paul-Klee-Stiftung, Kunstmuseum Bern, Ref. Nr. 8148

S. 64
engelsam, 1939, 593 (EE 13)
Bleistift auf Papier mit Leimtupfen auf Karton
29,7 x 20,9 cm
Standort: Paul-Klee-Stiftung, Kunstmuseum Bern, Ref. Nr. 8299

S. 66
Engel im Kindergarten, 1939, 968 (AB 8)
Bleistift auf Papier mit Leimtupfen auf Karton
29,5 x 21 cm
Standort: Paul-Klee-Stiftung, Kunstmuseum Bern, Ref. Nr. 8674

S. 70
bald flügge, 1939, 965 (AB 5)
Bleistift auf Papier mit Leimtupfen auf Karton
29,5 x 21 cm
Standort: Paul-Klee-Stiftung, Kunstmuseum Bern, Ref. Nr. 8671

S. 74
im Vorzimmer der Engelschaft, 1939, 845 (UU 5)
Bleistift auf Papier mit Leimtupfen auf Karton
29,5 x 21 cm
Standort: Paul-Klee-Stiftung, Kunstmuseum Bern, Ref. Nr. 8551

S. 78
Schellen-Engel, 1939, 966 (AB 6)
Bleistift auf Papier mit Leimtupfen auf Karton
29,5 x 21 cm
Standort: Paul-Klee-Stiftung, Kunstmuseum Bern, Ref. Nr. 8672

S. 82
Miss-engel, 1939, 828 (TT 8)
Bleistift auf Papier, rückseitig Bleistiftzeichnung, mit Leimtupfen auf Karton
29,4 x 21 cm
Standort: Paul-Klee-Stiftung, Kunstmuseum Bern, Ref. Nr. 8534

S. 86
unfertiger Engel, 1939, 841 (UU 1)
Bleistift auf Papier mit Leimtupfen auf Karton
29,5 x 21 cm
Standort: Paul-Klee-Stiftung, Kunstmuseum Bern, Ref. Nr. 8547

S. 90
der Fels der Engel, 1939, 847 (UU 7)
Bleistift auf Papier mit Leimtupfen auf Karton
29,5 x 21,1 cm
Standort: Paul-Klee-Stiftung, Kunstmuseum Bern, Ref. Nr. 8553

S. 96
Würde des Amtes, 1939, 961 (AB 1)
Bleistift auf Papier mit Leimtupfen auf Karton
29,5 x 21 cm
Standort: Paul-Klee-Stiftung, Kunstmuseum Bern, Ref. Nr. 8667

S. 100
Krise eines Engels II, 1939, 1022 (DE 2)
Kreide auf Papier mit Leimtupfen auf Karton
42 x 29,6 cm
Standort: Privatbesitz, Schweiz, Ref. Nr. 8728

S. 102
altkluger Engel, 1939, 873 (VV 13)
Bleistift auf Papier mit Leimtupfen auf Karton
29,5 x 21 cm
Standort: Paul-Klee-Stiftung, Kunstmuseum Bern, Ref. Nr. 8579

S. 104
mehr Vogel, 1939, 939 (YY 19)
Bleistift auf Papier mit Leimtupfen auf Karton
21 x 29,5 cm
Standort: Paul-Klee-Stiftung, Kunstmuseum Bern, Ref. Nr. 8645

S. 108
hässlicher Engel, 1939, 1102 (Hi 2)
Kreide auf Papier mit Leimtupfen auf Karton
29,5 x 20,8 cm
Standort: Paul-Klee-Stiftung, Kunstmuseum Bern, Ref. Nr. 8808

S. 110
ohne Titel, 1939
Kreide auf Konzeptpapier
29,6 x 21 cm
Standort: Privatbesitz, Schweiz, Ref. Nr. 8983

S. 114
Engel im Boot, 1939, 881 (WW 1)
Bleistift auf Papier mit Leimtupfen auf Karton
29,5 x 21 cm
Standort: Paul-Klee-Stiftung, Kunstmuseum Bern, Ref. Nr. 8587

S. 118
Osanna, 1939, 883 (WW 3)
Bleistift auf Papier mit Leimtupfen auf Karton
29,5 x 21 cm
Standort: Paul-Klee-Stiftung, Kunstmuseum Bern, Ref. Nr. 8589

S. 122
statt Beinen Flügel, 1939, 887 (WW 7)
Bleistift auf Papier mit Leimtupfen auf Karton
29,5 x 21 cm
Standort: Paul-Klee-Stiftung, Kunstmuseum Bern, Ref. Nr. 8593

S. 124
Angelus militans, 1939, 1028 (DE 8)
Kreide auf Papier mit Leimtupfen auf Karton
44,3 x 29,9 cm
Standort: Paul-Klee-Stiftung, Kunstmuseum Bern, Ref. Nr. 8734

S. 128
Belastung-Probe, 1939, 958 (ZZ 18)
Bleistift auf Papier mit Leimtupfen auf Karton
29,5 x 21 cm
Standort: Paul-Klee-Stiftung, Kunstmuseum Bern, Ref. Nr. 8664

S. 130
Engel des alten Testamentes, 1939, 875 (VV 15)
Bleistift auf Papier mit Leimtupfen auf Karton
29,5 x 21 cm
Standort: Paul-Klee-Stiftung, Kunstmuseum Bern, Ref. Nr. 8581

S. 134
befruchtet, 1939, 1060 (EF 20)
Kreide auf Papier mit Leimtupfen auf Karton
41,9 x 29,6 cm
Standort: Schenkung LK, Klee-Museum, Bern, Ref. Nr. 8766

S. 138
Engel voller hoffnung, 1939, 892 (WW 12)
Bleistift auf Papier mit Leimtupfen auf Karton
29,5 x 21 cm
Standort: Paul-Klee-Stiftung, Kunstmuseum Bern, Ref. Nr. 8598

S. 140
Engel, übervoll, 1939, 896 (WW 16)
Aquarell und Bleistift auf Papier auf Karton
52,5 x 36,5 cm
Standort: Privatbesitz, Schweiz, Ref. Nr. 8602

S. 144
Engel vom Stern, 1939, 1050 (EF 10)
Kleisterfarbe und Kreide auf Papier mit Leimtupfen auf Karton
61,8 x 46,2 cm
Standort: Paul-Klee-Stiftung, Kunstmuseum Bern, Ref. Nr. 8756

S. 148
das Wert-Paket, 1939, 858 (UU 18)
Feder, Kleisterfarbe und Bleistift auf Grundierung auf Papier, farbig eingefasst auf Karton
45,5 x 32,7/33,3 cm
Kunstsammlung Nordrhein-Westfalen, Düsseldorf, Ref. Nr. 8564
Fotografie: Walter Klein, Düsseldorf

S. 150
wachsamer Engel, 1939, 859 (UU 19)
Feder und Tempera auf schwarzem Grund auf Zeitungspapier auf Karton
48,5 x 33 cm
Standort: Privatbesitz, Schweiz, Ref. Nr. 8565

S. 154
letzter Erdenschritt, 1939, 893 (WW 13)
Bleistift auf Papier mit Leimtupfen auf Karton
29,5 x 21 cm
Standort: Paul-Klee-Stiftung, Kunstmuseum Bern, Ref. Nr. 8599

S. 158
im Schreiten noch unerzogen, 1940, 80 (W 20)
Kreide auf Papier auf Karton
29,7 x 20,9 cm
Standort: Paul-Klee-Stiftung, Kunstmuseum Bern, Ref. Nr. 9099

S. 164
woher? wo? wohin?, 1940, 60 (X 20)
Aquarell, Rötel und Kreide auf Papier auf Karton
29,7 x 20,8 cm
Standort: Privatbesitz, Ref. Nr. 9079

S. 168
Walküre, 1940, 134 (T 14)
Kreide auf Papier auf Karton
29,7 x 21 cm
Standort: Paul-Klee-Stiftung, Kunstmuseum Bern, Ref. Nr. 9153

S. 172
hoher Wächter, 1940, 257 (M 17)
Wachsfarben auf Leinwand auf Keilrahmen; originale Rahmenleisten
70 x 50 cm
Standort: Paul-Klee-Stiftung, Kunstmuseum Bern, Ref. Nr. 9276

S. 176
Zweifelnder Engel, 1940, 341 (F 1)
Pastell auf Papier auf gefaltetem Karton
29,7 x 20,9 cm
Standort: Paul-Klee-Stiftung, Kunstmuseum Bern, Ref. Nr. 9360

S. 180
Engel, noch hässlich, 1940, 26 (Y 6)
Bleistift auf Papier auf Karton
29,6 x 20,9 cm
Standort: Paul-Klee-Stiftung, Kunstmuseum Bern, Ref. Nr. 9045